写给宝妈的
第一本社交电商书

曹霞飞 著

中国商业出版社

图书在版编目（CIP）数据

写给宝妈的第一本社交电商书/曹霞飞著. -- 北京：中国商业出版社，2021.1

ISBN 978-7-5208-1276-4

Ⅰ.①写… Ⅱ.①曹… Ⅲ.①电子商务—运营管理 Ⅳ.① F713.365.1

中国版本图书馆 CIP 数据核字（2020）第 184418 号

责任编辑：杨林蔚　佟　彤

中国商业出版社出版发行
010-63180647　www.c-cbook.com
（100053 北京广安门内报国寺 1 号）
新华书店经销
三河市长城印刷有限公司印刷

*

710 毫米 ×1000 毫米　16 开　11.75 印张　165 千字
2021 年 1 月第 1 版　2021 年 1 月第 1 次印刷
定价：48.00 元

****

（如有印装质量问题可更换）

推荐序一

社交电商使无数的宝妈找到了自己的事业，在奋斗的路上有艰辛的泪水，也有成长的喜悦，从懵懂的小白到光鲜靓丽的大咖，不仅收获了财富，更赢得了家庭地位以及社交圈子，无悔芳华。本书针对宝妈群体，全方位讲解了社交电商的机遇、发展、心态、实操，是新人宝妈创业的第一门必修课。

微商水印相机、微脉输入法、微脉圈创始人

孙庆新

推荐序二

这是一本写关于宝妈社交电商方面内容的书籍。据统计，目前，微商人中大部人的平均学历只是初中，他们大都在农村，这些没有一天工作经验的宝妈，微信朋友圈好友许多都有上千人。有如此基础的她们，大多数都能微信创业成功，就值得全社会的创业者学习与模仿。笔者大力推荐这本写给宝妈的书，书内涵盖了宝妈做社交电商的优势内容，朋友圈打造、沟通及团队培训等实战方法。在此为宝妈点赞！为本书作者点赞！

微商自媒体人
龚文祥

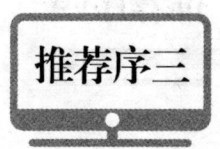

推荐序三

宝妈群体一直都是社交电商行业的主力从业者,这几年随着二孩政策的放开,诞生了无数的宝妈,她们闲暇时间有限,微商行业成为宝妈们再次创业的首选。这几年中国微商的繁荣,社交电商业态的蓬勃发展,离不开中国几千万宝妈的参与和汗水!宝妈们本身文化层次和社交工具使用能力水平参差不齐,对于微商经营中的实际问题,比如有效沟通的问题,如何挖掘客户需求的问题等,都需要针对性的指导,对于宝妈本身闲暇时间有限的问题的解决,如何有效提高销售效率,需要实战的指引!本书是作者身为宝妈经营微商的切身经验总结,对于广大本身是宝妈的微商们而言,具有实在的指导价值,对于提振宝妈们从事社交电商工作的信心有莫大的帮助!作为一个关注社交电商行业长达六年以上的自媒体人,我很欣慰看到有这种针对宝妈群体的图书诞生,期待其尽快出版发行,尽快传递到每一个宝妈微商的手中!宝妈微商们,加油!

落地荟社群创始人
方雨

推荐序四

社交电商的排他性决定了社交电商人只能说自己的好。

霞飞老师《写给宝妈的第一本社交电商书》里,从实操方向到方法,给出了客观中立的建议。

《引爆微信群》作者

精壹门网络科技(杭州)有限公司创始人 老壹

推荐序五

很多女性在成为妈妈之后，就选择了回归家庭照顾孩子，为家庭和社会做出了巨大的牺牲和贡献。社交电商的灵活属性正好满足了宝妈群体的需求。曹霞飞老师的《写给宝妈的第一本社交电商书》给到了宝妈从事社交电商的必备能力的具体阐述，从心态建设到沟通方法，从朋友圈打造到售后服务，从个人能力提升到带领团队的方法，翔实具体有步骤，值得一读。

《社群＋互联网＋企业行动路线图》作者　卢彦

推荐序六

宝妈是一个值得尊敬的巨大群体,除了照顾好家庭、孩子外,拥有自己的事业也越来越成为宝妈们的刚需,特别是一份能兼顾家庭的事业,更是为宝妈们所青睐。

但是,创业并不容易,如何选择适合自己的事业方向、能真正做好呢?

本书提出了一个很有价值的方向:社交电商,并详细阐述了宝妈做社交电商的优势、如何做好朋友圈营销、如何做好沟通和售后、如何进行团队培养等多个重要话题,全书翔实落地,实操性强,相信一定会为宝妈们带来切实有效的指导作用。

《社群新零售》《社群众筹》等图书主编
中国社群领袖俱乐部专家组组长　袁海涛

自 序

经过一年的策划、梳理、沟通,《写给宝妈的第一本社交电商书》终于问世了。之所以想要写这样一本书,是因为在带团队的过程中,我发现很多宝妈需要有一本可以随手翻阅的工具书,来帮助她们做好社交电商的各项工作。很多宝妈都是为了孩子而离开职场,又因为生活压力以及自身的价值感需求而加入社交电商从业者行列。然而,并非所有加入社交电商的宝妈都能获得系统的培训,很多宝妈得到的培训是刷屏刷广告的资料,甚至是如何通过替换头像来制造假的成交,或者用自己的小号做假的效果反馈。对于基于信任而成交的社交电商工作来说,这是一种逆行,同时也是对宝妈自身人设的一种伤害,对人脉的一种透支。从另一个层面分析,社交电商的崛起,真的是为需要兼顾家庭、孩子事业的宝妈开辟了一条两全其美的道路,可以完美解决家庭和事业冲突的问题。带着孩子,把钱赚了,这是新时代给女性的机会。所以,我和团队的小伙伴想把自己的经验分享出来,这些经验也许不是最成熟的,但是对于从事社交电商的宝妈来说,是最珍贵的。

在这里,我感谢所有帮助过我的老师和伙伴,感谢给予我指导的孙庆新老师、龚文祥老师、方雨老师、老壹老师、卢彦老师、袁海涛老师、阿彬老师、刘东明老师和管鹏老师，特别要感谢海科老师对第一章内容写作的指导帮助，也感谢我的伙伴们，她们是：马娟、王嫣、田孝林、邝丽雯、吕卫赐、刘丽、农立新、孙秀英、李素玲、李彬妍、李彬洁、杨佳艳、邸晓婧、汪华、沈双双、沈娟环、张雄方竹、张霄月、陈嗣源、陈翠玲、玥心、赵姝彧、钟娟鹏、俞冬燕、祝伟、贾龙引、徐庆云、唐晓琴、龚志蓉、崔丹丹、麻新艳、谢锦林、戴苗苗。

入门学习只是起步，不断学习不断精进，才能做好这份事业。宝妈们，左手育儿右手社交电商，是我们新时代女性的姿态。让我们一起奋斗，妈妈奋斗的样子，就是孩子最好的榜样！

曹霞飞

2020.5.1，于北京

前 言

在社交电商的风口，宝妈也能"飞"起来！

从 2014 年开始，智能手机普及，移动互联网逐渐取代了 PC 互联网！人们上网的习惯也发生了巨大改变，不再在电脑前面一坐几个小时，而是拿起手机，走到哪里，随时随地上网；上网的时间也非常碎片化，上班闲了聊几句微信、中午边吃饭边刷抖音、坐公交上下班路上逛一逛淘宝、晚上有时间看一会儿直播或打一把游戏。

互联网让社交的难度变得越来越低，人们对于社交的需求和欲望也开始变得空前强烈！通过微信、抖音、直播、游戏等任何方式结交认识的人，只要有了现实中的接触，就会很容易带来真实感、信任感！这就为社交电商的蓬勃发展奠定了良好的基础。

传统电商，主要是以利用促销活动和品牌口碑引导用户消费。而社交电商利用人与人之间的信任和社交需求，让用户自发地利用社会关系，通过分享就完成了商品的销售。社交电商，其实就是电子商务在社交媒体环境下的一种衍生模式，是社交媒体与电子商务的一种结合体。具体来说，就是以社交媒体的形式来获取用户并且与之进行互动，对产品进行展示和分享，引导用户完成商品购买的一种模式。这种模式，基于信任，将社交转化为营销。

在社交电商活动中，宝妈扮演了急先锋的角色。目前，生二孩的宝妈越来越多，宝妈如何在紧张育儿之余实现个人的人生价值？尤其是接受过高等教育的宝妈，更是陷入了两难的选择。不在家带孩子，孩子没人照顾；在家带孩子，心里又有很多不甘。而且，整天在家里带孩子，时间长了就会跟社会脱轨，跟不上时代发展的步伐。

本书从女性角度入手，给宝妈介绍了社交电商的从业之路的状况，能给困惑于育儿圈的宝妈以切实可行的建议，让各位宝妈在育儿的同时能够兼顾一份事业，实现经济独立，实现自我价值。

目 录

第一章 社交电商的发展脉络

一、厘清三个概念 ·· 2

二、社交电商发展的三个阶段 ································ 3

第二章 宝妈是社交电商的主力军

一、社交电商从业者中宝妈占大多数 ···················· 8

二、宝妈选择社交电商的原因 ······························ 11

三、宝妈从事社交电商的优势 ······························ 16

四、宝妈做社交电商的好处 ·································· 22

五、为什么建议宝妈选择社交电商创业 ················ 26

六、宝妈做好社交电商的准备工作 ······················ 30

七、社交电商给宝妈实现人生逆袭的机会 ············ 33

第三章 朋友圈营销有方法

一、朋友圈就是你的店铺，门面好才能生意好 ······ 36

二、朋友圈营销的战略思维 ·· 39

三、朋友圈营销的具体战术：发圈四要素 ······················ 51

四、朋友圈晒晒更健康 ·· 54

五、个人IP（个人品牌）打造 ···································· 61

六、只有硬广告的朋友圈很危险 ································· 66

七、让朋友圈动起来 ··· 70

第四章　沟通：社交电商的基本功

一、沟通的原则 ··· 76

二、沟通的逻辑 ··· 83

第五章　专业的售后服务

一、变被动为主动 ·· 90

二、售后的重要性 ·· 91

三、售后的方法 ··· 96

第六章　心态定江山

一、做好社交电商，心态比方法重要 ·························· 102

二、几种心态建设 ··· 104

三、用发展的眼光看待事业和人生 ····························· 111

第七章 如何从一个人到千军万马

　　一、为新人引路 …………………………………… 114
　　二、团队文化 ……………………………………… 117
　　三、人才梯队培养 ………………………………… 120

第八章 短视频营销是新趋势

　　一、中国短视频营销行业未来的发展趋势 ………… 126
　　二、短视频内容营销行业发展现状及趋势 ………… 128

附录：本书出版支持团队 ……………………………… 131

第一章
社交电商的发展脉络

　　了解社交电商并知道其发展脉络,是做好社交电商工作的第一步。不知道社交电商是何物,不了解社交电商的发展历程,从事社交电商,也就如同无根之木。

一、厘清三个概念

要厘清社交电商的发展脉络,先要厘清微商、社交电商和社交新零售三者的区别。

微商,从商业模式方面来讲,主要是基于移动互联网和手机进行营销的创新商业模式。我们可以从三个角度去理解微商,第一,它是移动互联网营销,且是以微信营销为代表的移动互联网营销,因为它的营销工具和场景主要是在微信。第二,微商的本质应该定义为创业者、个体创业者,而不是打工者的营销。第三,微商是合伙制的创业者的营销方式。

社交电商是什么?社交电商有广义和狭义之分。广义的社交电商其实就是微商,或等同于微商。狭义的社交电商是什么?狭义的社交电商实际上指的是拼多多、云宝贝、环球捕手等会员分销式的电商平台,品类非常多。

社交新零售是人们创造的很多种营销方式进行有效组合之后的一种全新商业形态,微商也属于社交新零售的一部分,它是把代理批发、直销、会销以及其他的移动互联网营销结合在一起。现在被大众广泛接受的是社交新零售,因为它涵盖面更广。

二、社交电商发展的三个阶段

广义的社交电商就是微商，微商的发展可以分成三个阶段。

从微商兴起到 2014 年底之前是微商发展三阶段之前的前微商阶段，也就是微信诞生之前的这个阶段，大家通过微博、SES（"Search Engine Services"的简称，即搜索引擎服务）等社交媒体卖东西，比如出行，不过那时不叫微商，有些称为微博营销，其实它是微商的一种初步形态，所以称为前微商阶段，也是微商发展的序幕。

第一个阶段是微商 1.0 时代，微商 1.0 时代是从微信诞生开始到 2014 年的年底结束。这个阶段微商活动的显著特征是，一些自由的个体在朋友圈里卖货，或者做批发或者做零售，但是没有运营，没有培训，没有品牌，没有价格管理体系，没有打假的防伪体系，是一个野蛮生长的阶段。这个阶段卖家少，大家还有很多新鲜感，所以只要在微信里卖货，形成批发规模就能赚到钱，因为卖家少，买家多。这个阶段让部分人迅速暴富，代表性的品牌就是俏十岁面膜。俏十岁面膜的创始人叫武斌，他曾经提到，他自己根本不知道他的面膜都批发给了谁。因为他的面膜效果相对好一点，明显一点，又比其他的地方卖得便宜，所以很多人到他这拿货，一年多的流水做了十个亿。但是，俏十岁没有控价系统，没有企业化运营，只是简简单单地在微信上以超低价批发销售，也不是通过微信做微商，只是那些在微信里卖货的人从他那拿货去卖。微商1.0的时代就是这样一种野蛮的发展形式，终于在混乱中崩盘。两个重大事件标志着微商1.0时代的结束：

（1）俏十岁的崩盘。有人举报俏十岁面膜含有激素，用了之后过敏，江苏卫视就此做了一期节目，在市场上购买了一些俏十岁的面膜拿去化验，化验结果果然有激素，大家纷纷要求退货，俏十岁经营就此崩盘。尽管节目播出后，俏十岁创始人武斌火速拿着正品俏十岁面膜去江苏卫视，告知江苏卫视拿去化验的面膜是假冒的，不是真的俏十岁，让江苏卫视以最快的速度又做了一期澄清的节目，但是依然无法挽回崩盘的局面。

（2）主流媒体对微商的批判。因为没有防伪体系，没有厂家的运营体系，没有价格管理体系，只是简单粗暴的批发代理，所以整个微商1.0时代就是暴力野蛮发展的时代，假货横行，加上朋友圈刷屏导致了微信用户的反感，所以在2015年初的时候，主流权威媒体发表了多篇文章来批判微商假货泛滥和暴力刷屏。这个时候著名的经济学家叶檀老师邀请和君咨询的一个合伙人和海科老师，一起在上海卫视做了一个电视节目——新财富夜谈，主题就是微商朋友圈刷屏是好还是坏。这个时候是微商的最基础的阶段。

第二个阶段是微商2.0时代，从2015年初至2018年底。此时微商慢慢地复苏过来，这标志着微商进入2.0时代。

微商2.0时代呈现了大爆发的局面。现在咱们看到的大部分的品牌都是微商 2.0 时代诞生的,比如魔能、传奇今生和 159,等等。微商 2.0 时代的第一个显著特征是,各个品牌都设计了防伪体系、代理体系、价格管理体系、运营体系、工具支持体系、品牌策划、活动策划、动销策划和培训体系等,越来越规范。同时因为竞争越来越激烈,品牌方对于代理成长和人才孵化越来越重视,注重品牌塑造和建设,请明星代言,寻求国家背书,积极打造个人 IP。因此,微商 2.0 时代,最突出的特点就是产生了这种综合运营体系。微商 2.0 时代的第二个显著特征是微商分成了两大类,第一大类就是大单品或者几个品类几个产品的品牌微商,是以批发代理模式经营,比如传奇今生,以及一些无形产品,这是微商的主流模式。第二大类就是平台社交电商,比如拼多多、环球捕手、天涯宝贝、楚楚推等社交电商平台。社交电商平台有很多的产品,主要通过分销或者是团购、拼团的模式,这也就是狭义的微商,或者狭义的社交电商,它走的是资本运营的烧钱上市模式,比如拼多多和云集都已经上市。微商 2.0 时代的第三个显著特征,就是传统企业和传统的品牌开始进行微商营销,比如蒙牛、同仁堂、云南白药和格力电器,这些大品牌和大企业也开始微商营销。微商 2.0 时代的结束以魔能国际的崩盘和 159 遭遇重大挫折为标志。

第三个阶段是微商 3.0 时代,2019 年是微商 3.0 时代的元年,它的第一个典型特征是规范化操作,比如要求注册公司,并且合理纳税,不能让代理商不健康压货,减少会销等。它的第二个典型特征是品牌化运营,大家更注重品牌的建设,包括请明星代言,做各种标准化的检测等。品牌化是和叫卖式会销相对立的。它的第三个典型特征是创新化发展,出现很多种不同的新形式的微商，不拘泥于批发代理，比如拼团、社区团购、抖音和快手等视频营销，流量获取和转化趋于多元化，商业模式也更加多元化了，销售场景也已经不仅仅是通过微信和手机，实体店也参与进来了，所以微商 3.0 也可以称为社交新零售的时代了。

第二章
宝妈是社交电商的主力军

　　做社交电商，既不用开设实体店，也不用招聘员工，待在家里，利用零碎时间，就能获得丰厚的收入。这一点，正好与宝妈的日常生活特点相契合。宝妈在养育孩子的同时，完全可以投身社交电商的事业。

一、社交电商从业者中宝妈占大多数

宝妈群体是一个特殊群体，虽然需要在家带孩子、做家务，但也能拥有自己的事业。投身社交电商行业，宝妈就可以在照顾孩子之余，开创自己的事业，成为一个事业型女人。简言之，即使在家带孩子，宝妈也能育儿挣钱两不误。

小田和小樱在同一年当了宝妈，只不过小田生的是二孩，小樱是一孩。孩子过完百天之后，小田加入了社交电商从业者的行列；而小樱却没有工作，一直在家看孩子。

生活方式：小田白天工作，晚上哄孩子，作息时间比较规律。孩子的睡眠时间与她的作息相互协调，很早就适应了晚上10点睡、早上6点起的作息。可是，小樱除了哄孩子，空余时间太多，母子俩每天都是晚上8点睡、早上不到5点就醒。

眼界和观点：做社交电商时，小田总会跟朋友圈的朋友看电影、聊天，能接触到很多新事物，容易接受新观点。可是，小樱与外界基本隔绝，朋友没几个，整天都围绕着孩子、老公转，唯一收获信息的渠道就是手机，眼界狭窄，信息量不足。

消费观念：小田逛街时，不仅会给孩子买衣服，还会给自己买衣服；而小樱基本上只给孩子花钱，完全以孩子为中心。因为工作的关系，小田穿的都是职业裙、高跟鞋；而小樱穿的是平底鞋、休闲装。

收入来源：小田做社交电商，有收入，在消费上有更多的自主权，花钱也不必看人眼色。小樱不外出工作，没有收入来源，如果想买什么东西，只能跟老公要；即使购物，多半也都是家庭开支，为自己考虑得比较少。

小田和小樱代表了两类不同的宝妈，你更认可哪一种？不同的人可能会有不同的答案，但我更支持小田的做法。孩子出生后，虽然女人有很多无奈，但为了个人成长，为了让自己活得更自由，在育儿的同时，千万不要将事业完全丢弃。

当然，对于宝妈来说，更适合从事工作强度适当、薪酬待遇合理、能分担家庭经济压力的工作。孩子出生后，会占据宝妈大部分时间，而多数工作几乎都是有固定时间的，自由度都不大，即使有些宝妈想工作，也不一定能找到合适的，而社交电商却为宝妈提供了这样的便利。因为，社交电商就是利用碎片化时间来经营，在带孩子的空余时间，完全可以将工作做好。

社交模式发展会涉及更多领域，必然会引发里程碑式的模式变革。紧跟社交电商的发展步伐，抓住趋势在经济和事业上逆风翻盘，宝妈也能成为社交电商的赢家。

作为过来人，我想对宝妈们说：

（1）不奢求他人的施舍，自己奋斗自己的人生；

（2）坚持读书，让自己的内心丰盈；

（3）管理好自己的情绪，遇到困难以解决问题为导向，而不是以情绪发泄为导向；

（4）不断学习并保持赚钱的能力，钱不存在俗不俗的问题，只有花钱的人才有俗雅之分；

（5）背靠大树好乘凉，不如自己种树自己乘凉，多少绿荫面积自己说了算；

（6）强大而不强悍，温和而不柔弱；

（7）不必纠结他人是否视你为公主，骄傲地做自己的女王！

二、宝妈选择社交电商的原因

生孩子是大多数女性职场生涯的一道坎,很多女性从女孩变成宝妈,就开始和职场有了距离。生了孩子之后,她们的家庭结构和生活状态发生了巨大的变化,睡不够的觉,整理不完的家务,如果没有老人帮忙,想要出去上班,简直就是不可能。很多非常有能力的女性,成了全职宝妈。但是,尽管如此,宝妈心中依然有梦想,依然有实现自我价值的需求。如何能够既带孩子又做点事儿赚点钱,就成了宝妈最大的愿望。社交电商靠一部手机就能卖货就能做生意,不必上下班卡着点儿到单位,就成为宝妈的首选了。宝妈的生活主要有以下特点:

1. 线下活动急剧减少,生活圈子逐渐缩小

几千年来,中国一直都有"男主外,女主内"的思想,虽然如今的思想已经很开明,但一些状况也不是想改变就能立刻扭转的。孩子出生后,老公在外工作,为了照顾孩子,很多宝妈都只能辞掉工作。而且,从抚养孩子的角度来看,宝妈辞职比宝爸辞职更合适。

回归家庭后的宝妈会将自己的大部分时间都花在孩子身上,个人的精神和心理全被孩子占据,没有了自己的生活,不再继续学习,夫妻之

间的沟通也逐渐减少，即使聊天，多半也是关于孩子的。比如："没奶粉了，去买奶粉……""我很困，你帮忙看下孩子……""这本绘本读完了，再读一本……""孩子又尿床了，用不用买尿不湿？"

成为"宝妈"一族后，整天围着孩子转，宝妈就减少了对社会的了解，少了对职场的了解，跟他人没有共同话题，就会逐渐被冷落。与自身关系更密切的，可能就是"宝妈"群。

有些"宝妈"空闲的时候，会将孩子的照片发到朋友圈中，让人们评判：看到孩子有趣的动作和表情，拍张照，发到网上，让人们点赞；明天给孩子买款新衣服，拍照，发到网上，供大家分享……

有些"宝妈"为了解决育儿问题，会建立一个群，比如：宝妈群、家有宝贝、囡囡群……遇到问题的时候，就将困惑发布到群里，让大家答疑解惑。这种群一般都很大，里面会分享很多育儿知识，不管是提问，还是解答，都会花费很多时间，有些"宝妈"甚至俨然成了育儿专家。

……

宝妈跟外界的接触渐渐减少，更多的是通过网络来解决问题。线下活动的减少，生活圈子的减少，让宝妈变得越来越孤立。正是在这样的状况下，同时随着分享经济的兴起，宝妈自然而然地走上了社交电商之路。而选择社交电商，就能增强跟他人的联系，生活圈子也会逐渐扩大。

2. 家庭压力变大

宝妈从事社交电商，一个原因就是宝宝出生后，家庭压力变大，主要表现为：

（1）家庭开支增加。网络上曾有过一个帖子：孩子出生之前，想吃什么吃什么，孩子出生之后，想吃什么没什么。这可能就是如今众多普通家庭的真实写照。

孩子出生后，家里多了一个小家伙，围绕孩子的花费无限增大，比如：奶粉、辅料、衣服、玩具、学习用具、培训班……每一项都需要投入很多钱。如果家庭条件好一些，就可以买价格贵的；家庭条件差一些的，可能会买价格稍微便宜一点的，但无论如何，都会涉及这些花费的问题，差别只在于多少。

原本上班的宝妈现在没有了工作，家庭就会减少一份收入；再加上，孩子出生后，家庭开支多出很多……当花销远超收入的时候，就会在无形中给家庭带来巨大的压力。家里只有一个孩子的可能还好一些，如果生了二孩，且家庭条件一般，情况就更不容乐观了。

（2）夫妻间发生矛盾。孩子出生之前，宝妈和老公两个人没事还能去逛逛街、看看电影，偶尔出去旅行下，过过小资情调的生活。但孩子出生后，钱就永远不够用了。妻子不上班在家里带孩子，老公一个人上班，收入有限，如果家庭条件一般，在花费上就会斤斤计较，就会引发夫妻矛盾。比如：妻子想给孩子买高价奶粉，老公却觉得国产的也行；妻子想给女儿买各种好看的小衣服，老公却觉得多余；老公想带孩子出去玩雪，妻子却觉得外面太冷，担心冻坏孩子……日积月累，夫妻之间就容易发生矛盾，争吵在所难免。

（3）引发婆媳矛盾。只要孩子出生，即使女人全职在家带孩子，也可能会遇到婆婆和媳妇一起在家带孩子的情况。尤其是孩子出生后的那段时间，不仅孩子需要照顾，宝妈也需要照顾。尤其是农村老人来城市带孙辈,年轻人和老人的育儿观念、生活习惯、语言习惯等都不同,就容易出现矛盾。更别说家里有两个孩子的家庭了。

而要想解决这些问题,不妨可以做做社交电商。挣到钱,就可以缓解家庭的经济紧张;宝妈有事可做,就会对另一半或婆婆少些关注,彼此之间的矛盾就会少一些,因为宝妈忙着赚钱,哪有时间跟其他人计较?当宝妈这样做的时候,夫妻矛盾、婆媳矛盾自然也就减少了。

总之,宝妈的生活非常琐碎,不仅要做家务,还要面对孩子的各种吵闹,最头疼的甚至还是全年无假期、无收入,再加上社会的不理解、内心的无价值感,很容易陷于崩溃状态之中。因此,为了让自己生活得更好,为了减少物质和精神压力,很多宝妈都会加入社交电商大军的行列。在一个有共同语言的圈子里,能互相倾诉,能集体吐槽,能彼此鼓励;倾诉就是疗愈,倾听就是爱。

3.追求精神归属感和自我价值感

在古代,女人最主要的角色是在家庭中做妻子与母亲,相夫教子,打理家务。如今,女性已经占据了职场的半边天,甚至有人预言,在人工智能时代,女性拥有比男性更多的优势,因为女性的情感更加细腻,更善于处理人际关系。而且,这一代宝妈基本都受过比较良好的教育,对自己的精神生活和价值感有比较高的追求,如果完全退出职场,只是在家带孩子,就会逐渐和社会脱节,产生隔绝的孤独感,自我效能感也会逐渐降低。

如果加入一个积极乐观正能量的社交电商团队,就能够自然而然地吸收到很多前沿的资讯,能够了解到热点的信息和未来的趋势,同时大家有共同的事业和追求，宝妈就会感到一种归属感和自我价值感。在我的团队里，几乎都是宝妈，个别不是宝妈的人也是即将成为宝妈的女性，大家都非常重视家庭教育和心理健康，每天除了学习社交电商的技能之外，相互分享如何赞美爱人来增进夫妻感情，如何进行亲子沟通能有助于孩子的大脑发育，如何能够平衡处理好婆媳关系。一群相同身份的人，既有物质共同体——同做一份事业，又有精神共同体——都关注育儿和自我成长，都把终身学习当作目标。每个人都能量满满，不仅学会了做社交电商，也提升了认知和情商。

三、宝妈从事社交电商的优势

我相信大家都有这个感受,身边越来越多的宝妈都开始做社交电商了!据不完全估计,在社交电商的整个群体中,大约有七成的人都是宝妈身份。那么,宝妈做社交电商有哪些优势?为何这么多宝妈会选择做社交电商?

1. 宝妈情感细腻,更善沟通

宝妈是女性群体,拥有女性特有的属性,比如:情感细腻、善于沟通,而这些品质也是从事社交电商的个人优势。

(1)售前更容易把握用户情绪和需求。女性更重视情感,不管客户是高兴,还是不满,是生气,还是刁难,她们都能从对方的言谈举止中看出端倪,继而更容易把握客户的情绪。

女性更容易理解人,更能通过沟通了解客户的需求,更容易站在客户的角度,帮助客户分析利弊,为客户提供优质的产品服务,最终促使客户自己做出成交的决定。

很多全职在家照顾孩子的宝妈具有很强的学习力和情感沟通能力,也拥有很多的专业技能,这些技能都可以迁移到社交电商事业中。所以,很多顾客不仅选择主动成交,还会感谢她们,并成为她们忠实的顾客,甚至一起分享这份事业。

(2)宝妈在售中能够精确塑造产品价值。宝妈给人以信任感,更容易塑造产品价值,为了提高产品销量,就要做到下面几点:

为了凸显产品价值,可以向客户介绍自己的产品和其他产品的区别;

为了衬托产品价值,可以绘声绘色地给客户讲讲产品背后的情感故事;

为了吸引客户的眼球,可以使用一些高大上又富有文艺感的包装;

为了凸显产品价值,可以直接告诉客户你的产品能产生什么效果。

(3)售后更能提供更好的服务体验。女性情感更细腻,对于售后服务,更容易把握。比如:女性处事更柔和,任何人都不愿意跟硬邦邦的人交往和接触,尤其是遇到产品问题的客户更是如此。他们更愿意跟女性沟通和交流,喜欢用柔和的方式来解决问题,而不想引起冲突。

(4)易于打造有凝聚力的团队。宝妈之间有着相似的生活经历,沟通起来可能更容易找到共同话题,更容易互相理解。成员之间的关系融洽了,团队凝聚力也就提高了。团队成员拧成一股绳,自然也就更容易出成绩。

2. 宝妈更具奉献和大爱精神

宝妈一般都具有奉献精神和大爱精神,更容易做好社交电商工作。

(1)母性的力量。一旦做了宝妈,女性就会爆发出巨大的母性力量,举几个例子:

为了让孩子吃到新鲜的蔬菜,宝妈会每天一大早就到菜市场买菜,并坚持亲自下厨。

为了让孩子取得好成绩,宝妈会拿出全部生活费给孩子报辅导班;即使不买化妆品,也要给孩子买益智玩具。

为了孩子不被他人瞧不起,即使自己穿着普通,也会给孩子购买时尚的衣装,提高品位。

这种伟大的母性力量,将是社交电商成功的巨大推动力。为了给孩子挣奶粉钱,宝妈自然也愿意做社交电商,同时也更有韧性,更能坚持,更不容易放弃。

(2)付出精神。为了给丈夫儿女做一顿好饭,宝妈们会费尽心思,心甘情愿地付出。这样的女人最具奉献精神,做社交电商时,更会将这种付出精神发挥得淋漓尽致。不管跟客户沟通多长时间,无论熬夜多晚,为了获得一个订单,她们都会主动付出,直至成交。

为了吸引粉丝,她们会不停地在朋友圈转发信息和图片,加大"晒"的力度。

为了提高粉丝的黏合度,她们会主动为客户答疑解惑。

为了在最短的时间里将粉丝转化成客户,她们会不厌其烦地跟粉丝沟通和交流。

为了争得二次购买,她们可能会在产品售出后加大服务力度。

所有这些事项都需要付出,不付出时间和精力,社交电商就很难做成,宝妈的付出精神正好满足。

3. 宝妈爱学习，学习力强

作为一种新生事物，社交电商的知识有很多，需要宝妈不断地学习，具有超强的学习能力，而宝妈正好符合这一点。因为宝妈更爱学习，学习力更强。宝妈在学习方面有如下两个特点：

（1）学习型妈妈。当今的宝妈，大都善于学习。出生于20世纪80年代或90年代的宝妈们，都有一定的知识基础，更希望孩子能在自己的教育下，获得健康成长。因此，她们更喜欢学习各种新的育儿观念，更容易接受新的育儿思想，更愿意为孩子做个学习的好榜样。

伴随着互联网发展成长的宝妈，更善于利用网络学习，知识面更广，更会学习。她们能从纷杂的育儿理念中找到适合自己孩子的，也能够通过自己的思考和辨别找到不同观点的利弊。这种学习力，必然会影响到她们对新事物的接受，也更容易得到他人的信服。因为，只有学习力强的人，才能快速学习社交电商的玩法，只有学习力强的人才能赢得更多人的认同。

（2）学习型代理。社交电商是一种新生事物，多数宝妈都没有相关从业经验。第一次从事这一职业，完全可以一边做，一边学，跟书本学，跟网络学，跟同行业从业者学……

书店中关于社交电商的书籍有很多，购买几本用来学习，就可以为从事社交电商带来益处。

网络中有更多关于社交电商的新消息，平时多查看网络，还能看到很多最新的做社交电商的好方法。

带着问题去向同行求教，多半都能得到问题的答案，因为优秀的社交电商从业者都愿意分享。

如此，将学到的知识运用在自己的销售中，就能打造出属于自己的小天地。

4. 宝妈具备更强的处理细节的能力

女性心思更细腻，尤其是当了宝妈后，细节处理能力更强。而这也是优秀社交电商从业者必备的一大能力！

（1）发货打包更周到。做社交电商，必然会涉及发货和打包。宝妈心思细腻，更容易从细微处着手，包装打包得更周到。比如：

为客户选拿商品时，会找最好的，不会拿有缺陷的。

客户同时购买多种商品，她们会反复核对，避免出现遗漏。

包装商品时，胶纸粘贴更牢固、更整齐、更美观。

放置包装品时，会轻拿轻放，不容易毁坏商品。

填写快递信息时，更仔细，不会填错信息。

（2）团队建设更暖心。社交电商团队的建立和维护，需要多一些人情味，而宝妈却能更好地将人员融合到一起。比如：

宝妈会从共同的兴趣爱好入手，将大家聚拢到一起。

宝妈不仅关心成员的工作，更关心成员的生活，会对成员嘘寒问暖。

休息的时候，宝妈会组织各种团队活动，长此以往，团队凝聚力自然也就提高了。

取得成绩时，宝妈会给成员更大的自由。

（3）产品展示更细腻。产品展示是社交电商必不可少的一项工作内容，宝妈心思细腻，会将产品更好地展示给客户。比如：

宝妈会用合适的文字对产品进行描述和展示，让客户了解产品的功能和优势。

宝妈会选择合适的图片对产品进行烘托，营造氛围和提升效果。

为了提高宣传效果，宝妈会制作一些短视频，将产品展示给众人。

四、宝妈做社交电商的好处

提升存在感，是宝妈的最大渴求。长期待在家里育儿，自我价值无法展现，存在感也会渐行渐远。而从事社交电商，通过自己的努力，宝妈就能提高自己的存在感，提高自己的家庭地位。而这也是从事社交电商的最大好处。当然，除了这一点，宝妈做社交电商的好处还有很多。

1. 既能照顾孩子，又能赚到钱

做社交电商，在家里就能做，如此就能在做电商的同时照顾到孩子的吃喝拉撒睡。一个人待在家里只照顾孩子，开始的时候可能还会跟孩子互动、陪孩子玩，觉得孩子有趣，可是时间长了，当个人的生活内容重点变得只有孩子的时候，宝妈也会感到异常无聊，而做社交电商就可以很好地解决这个问题。

在照顾孩子的空余时间，销售一些产品，还能赚得一笔钱，何乐而不为？如果做得好，甚至还能成立自己的团队，创造更大的业绩。由此，社交电商自然也就成了宝妈的职业最佳选择。

2. 经济独立，精神独立

宝妈少了工作收入，想花钱购买物品，只能跟老公伸手要，甚至还要征求老公的意见。即便如此,自己拿到钱后,也要精打细算,拮据过日子。而做社交电商,自己就能得到收入,就能保持经济上的独立,花钱也会更加理直气壮。

经济独立的宝妈,精神世界也会更独立,会减少对老公的依赖感,不会给老公带来压力,甚至还会为他们的工作带来帮助。

经济独立,精神独立,还能照顾孩子,这样的女性,哪个男人不爱!

3. 有独立圈子,更有安全感和归属感

做了社交电商,就会融入社交电商的圈子。圈子里充斥着各种信息,也更容易找到志同道合的朋友。大家一起谈天说地,一起讨论生意经,一起解决问题,一起交流思想,比如:怎么做社交电商、如何做皮肤保养、如何育儿、如何管理团队等,个人的思想世界就会得到重塑。

这种圈子独立于家庭生活之外,更有别于其他职场圈,宝妈更容易在这里得到认同,更容易产生安全感和归属感。

4. 为孩子树立榜样

有一句话说得非常好:"正能量的人像太阳,自带光环,走到哪里,哪里亮;消极的人像月亮,初一、十五都不一样。"优秀的社交电商从业者都是浑身上下蓄满正能量的人,都能为孩子树立积极的榜样,并在潜移默化中对孩子产生影响。因此,不管订单成交与否,都需要保持良好的心态。宝妈做电商需要的心理品质有:

做社交电商的宝妈更自信。因为只有先相信自己,相信自己的产品,才能让他人相信你。

做社交电商的宝妈更积极。消极的人是做不好社交电商的，只有积极的人，才能做好。

做社交电商的宝妈更有礼貌。为了给客户留下好印象，宝妈必须讲究礼仪和礼貌，必须注意自己的言行。

做社交电商的宝妈更独立。社交电商是一份职业，在挣钱的同时，还能让宝妈更独立。

做社交电商的宝妈更坚强。销售离不开沟通，工作中会很容易遇到客户的刁难，只有坚强的宝妈才能将问题解决掉。

……

自信、积极、独立、坚强、有礼貌等都是优秀社交电商从业者不可或缺的重要品质。孩子的成长，会受到妈妈潜移默化的影响，孩子会不自觉地效仿和学习妈妈的行为，继而成长为一个身心健康的好孩子。

5. 实现社会价值，有利于家庭稳定

首先，做社交电商，在销售商品的同时，也满足了人们的需求，满足了社会的需要。比如：销售图书，不仅是卖书，更是一个传播知识的过程，当我们的身边充满读书的味道的时候，也就实现了图书销售的社会价值。

其次，从事社交电商的宝妈，更懂得包容，更善于沟通，如此也就减少了家庭问题，更有利于打造稳定的家庭，家庭成员之间的关系也会更和睦。同样，做社交电商，更容易让我们学会感恩。感恩父母，因为他们给了你生命；感恩老公，因为他给了你支撑；感恩孩子，因为他让你看到了生命的希望……当你抱着一颗感恩之心对待家人的时候，抱怨

就会少一些，开心就会多一些，家庭关系就会融洽很多。

6. 更能推动商业的发展

社交电商是新时代的产物，作为一种新的销售方式，不仅为人们的生活带来了便利，更是商业发展必需的部分。虽然我们都无法预见未来的社交电商会发展成什么样子，但它作为一种积极的商业形式，必然会推动商业社会的进一步发展。

五、为什么建议宝妈选择社交电商创业

在我们身边,很多宝妈都觉得,自从做全职太太在家,生活就没了支柱,整颗心都觉得空落落的。其实,只要加入社交电商的队伍,宝妈就能让自己的生活充实起来,也能成功逆袭。而这也是宝妈做社交电商的重要原因。

Amy 樱居住在上海,在朋友眼中,她是个柔弱的女人,是个值得男人用心呵护的小女人,可是她已经创立了人数众多的社交电商创业团队。Amy 樱花费三年时间,把自己从行业小白打造成了一名总裁,站在她身后的都是各行各业的精英,有企业高管,有博士,有律师,还有众多宝妈。

Amy 樱懵懵懂懂一路走过了沉淀期、学习期,然后到爆发期,她觉得这三年时间完全覆盖了之前 20 年的光阴空白。Amy 樱的生活经历特别简单:前 20 多年,她一直都在上学,大学毕业后进入一家事业单位做财务工作,但一眼就能看穿的退休生活并不是她想要的,她心里一直都有一个创业梦,且越来越强烈,于是在工作了 17 年后的 2013 年便毅然辞职。虽然很多朋友都劝她,她的工作这么好,不应该辞职,否则会变成

黄脸婆，整天围着灶台、老公和孩子转，可能会失去自我。但是，Amy樱依然选择了辞职，因为她想让自己成长起来，想让自己的人生更饱满一些。

在事业单位工作了17年，工作内容千篇一律，没有个人成长。辞职后，Amy樱依然像个刚从学校出来的毕业生，生活轨迹就是买菜和家庭两点一线。没有社交，没有圈子，除了单位几个熟识的人，其他人都不认识。走上社交电商这条道路，纯粹是机缘巧合！

Amy樱喜欢在朋友圈购物，虽然拥有各种国际大牌口红，但她还是被朋友圈的一支国产唇膏吸引，于是买回来用。使用的过程中，她觉得这支唇膏很好，但并不知道这支唇膏是可以用来创业的，直到有一天，她在刷朋友圈信息的时候，看到卖她唇膏的朋友在招募合伙人。Amy樱弱弱地问朋友："我也能一起来卖唇膏吗？"朋友告诉她："是的！你也可以成为产品经销商。"于是，Amy樱就懵懵懂懂地走上了社交电商之路。

开始的时候，Amy樱既不懂批发，也不懂团队建设，没有培训，也没有语音包工具和平台，所有的一切都比较原始，只会傻傻地零售。可是，即便如此，Amy樱也体会到了闯荡世界的愉悦感。

时光荏苒，三年时间很快过去。在这三年的时间里，Amy樱不仅自己一路晋升，还带着创业团队一起奋斗；从自己什么都不会，到现在可以做千百人的培训，运营一家线上公司……她在三年中获得的提升，已然超过曾经的17年的内容。

做社交电商确实非常锻炼人，可以对一个人进行全方位打磨。从历史角度来看，这个时代对女性最友好，使女性既能兼顾家庭和事业，又

能貌美如花生儿育女，还能从容淡定地赚钱养家。移动互联网不仅改变了我们的生活方式，也改变了女性的生存空间。Amy樱通过从事社交电商，从一个普通的宝妈蜕变成事业生活双丰收的女性。她的例子告诉我们：宝妈做社交电商，能够很好地成就自己，提高自我实现的满足感，继而实现心中的梦想。

理想与梦想是相辅相成的，播下的种子是梦想，收获的是理想。梦想的种子没有发芽，就无法变成理想；即使会出现一种美好情绪，也是短暂的。

做社交电商一般都会得到两个结果：要么成为笑话，要么成为神话！而要想成就一段神话，就要先让自己成长起来，变得足够强，努力提升自己的能力。只有明确目标，制订合理的计划，一步步地执行和积累，坚持付出，才能通过量的积累达到质的飞跃。

行走在成功之路上的人虽然很多，但并不拥挤，因为能够坚持下来的人并不多。成功的社交电商同样人也不多。宝妈之所以能够在社交电商领域开辟一片新领域，主要在于具备这样几个优势：

1. 门槛低，轻资产创业

社交电商门槛低，任何人都能做，即使是初中没毕业的人，也都能做，比如：童装销售，不用投入太多，不会造成货物积压，风险小，值得一试。

2. 时间灵活

正常工作一般都是朝九晚五制，即使是两班倒，也会有时间限制，如果想做自己的事情就需要请假。虽然正常工作的工资稳定，旱涝保收，但不适合宝妈群体。而社交电商工作对时间没有太多的限制，跟带孩子的时间相吻合。只要有时间，就能做。

3. 产品丰富

在社交电商平台上，适合销售的产品种类有很多，只要看下拼多多，大家就能知道。产品几乎涵盖了人们的所有日常需求，涉及衣食住行各个方面，能够充分满足人们的生活需求。

4. 现金流完美

这种销售，一般都是先收款后发货，保证了现金流的通畅，不会出现欠款等现象。

5. 以小博大的机会

从事社交电商，对创业者的资金要求不高，即使投入不多，也能得到丰厚的回报。积累到一定的经验和资金，就能成立团队，将事业做大。

六、宝妈做好社交电商的准备工作

在坎坷的人生道路上,我们之所以要坚持不懈地实现自己的梦想,不仅仅是为了获取个人的成功,更是为了给更多的人提供实现梦想的机会。加入社交电商,不仅能获得财富,更能让我们找到人生目标,开阔眼界,扭转人生局面,永远保持积极的正能量!当然,想在社交电商领域有所成就,有些准备工作也是需要做的。

1. 做好思想准备工作

社交电商是一份职业,并不是每个宝妈都能做好的,也并不是每个宝妈都适合做。做社交电商之前,一定要尽可能地了解该职业的工作内容、工作特点以及需要掌握的技能,多跟同行学习,想想自己将要面临的挑战。

这份工作一旦做起来,就没有节假日、需要24小时随时待命,甚至还可能亏本。因此,一定要提前做好思想准备。要不做就不做,要做就好好做!单纯抱着社交电商好做、只要刷刷屏就行的态度,可能会将自己搞得很狼狈。

2. 获得丈夫的支持

做社交电商不是一时的心血来潮，既然想做好，就需要丈夫的支持。原因何在？

首先，虽然社交电商不需要太大的投入，但也是需要投入的。这时候，不管是金钱上，还是时间上，都需要丈夫的支持。如果丈夫不支持，也许导致资金不到位；在你很忙的时候，丈夫不仅不会帮忙，还会埋怨你。

其次，做社交电商需要投入很多时间，如果丈夫不理解，很容易引发家庭矛盾。比如：孩子突然哭闹，而你正好在跟客户沟通，这时候就需要丈夫帮忙了；发货的时候，如果丈夫有时间，也可以让他帮忙。

最后，遇到自己解决不了的问题，可以跟丈夫沟通，让他给你提供建议。只有支持你的丈夫，才会给你建议，才会跟你分析；而反对你的丈夫，只会给你泼冷水。你心灰意冷，还如何坚持下去？

3.安排好生活，打扮好自己

做社交电商，虽然要花费一定的时间，但不能将生活搞得一团糟，比如：不收拾屋子，不给孩子洗衣服，不收拾碗筷……只有将这些事情都安排好了，才能更安心地做社交电商。

同时，做社交电商不要邋里邋遢，即使是在家里，也要像正式上班一样，虽然不一定要穿工作服，但也要保持衣服的干净整洁；虽然不用化妆，但也要保持面部的清爽。

4.空杯心态，坚持学习

育儿的过程需要学习，做社交电商同样如此。要想做好社交电商，就要放空自己，不断学习，吸取他人的经验，找到真正适合自己的方法。

在这个行业里，有很多能力强的人，他们比你更聪明、更有智慧、更优秀，既然选择同一个平台去创业，就要实现共赢。大家的现状都是平等的，只有放得越空，才能拥有得更多。无论你在其他行业做得多好、多么优秀，都要以空杯的心态去对待这份新事业，都要谦卑好学，保持空杯心态，主动跟同行学习。

5. 擅于做计划

计划是工作的前提。要想将社交电商做好，要想取得好成绩，同样离不开计划的制订。主要内容包括：试运营阶段设计、销售产品、销售方式、互动活动、奖品设置等的规划。记住，只有提前计划，才能事半功倍。

当然，不仅要做计划，还要认真按计划执行，而这也是重点。制订了计划而不执行，将计划束之高阁，计划也就失去了意义。

6. 高效工作的能力

要想让自己的工作有条理，就要努力培养高效工作的能力，比如：多任务同时进行，边干家务边听课，边听音乐边照顾孩子。

同时，把自己定位成老板和老大，才能做大做强。因此，宝妈要具备老板的心态、眼光和能力，比如：沟通能力、领导能力、分析能力、协作能力等。

七、社交电商给宝妈实现人生逆袭的机会

社交电商的出现，让宝妈有了实现人生逆袭的良好时机。

在广东的一个大山里，有一位叫作朱仔的农村三宝妈，曾经全家的收入仅靠丈夫在外地工地打工挣得，年收入也就一万多元，她一个人带着三个孩子在家务农，省吃俭用，自己连一杯牛奶都不舍得喝，手机不舍得用流量，做了一年微商都没有什么成绩，几度想要放弃。但不服输的精神让她坚持了下来，通过两年的努力，她不仅买车买房买商铺，还把外地打工的丈夫召回家里成为她的助理，全心全意帮助她打理团队，做好社交电商事业。她自己也成为团队闪闪发光的一颗创业明星，小镇上的人从此对她刮目相看。

一个普通的宝妈，如果想要通过实体创业实现人生逆袭，需要大量的资金、人力、场地，难度可想而知，但社交电商，仅仅凭着一部手机一个Wi-Fi，乘着移动互联网的东风，就改变了自己的命运，这是这个时代的红利。

几乎所有在社交电商领域取得傲人成绩的宝妈，都是一手打江山一手带娃，从来没有因为创业而把孩子丢下。有从怀孕开始做微商的，有

从孩子出生后开始做的,无论怎样,都是左手带孩子,右手打江山。真正的创业型的宝妈,会用金钱来购买时间,比如请小时工,请阿姨做家务,自己则打理生意和带孩子。把琐碎的家务工作承包出去后,再做好时间和工作的计划和安排,带着孩子做社交电商是完全可以同时做好的。

无数次在会场看到背着孩子学习的宝妈,真的无限感慨。我自己也是在儿子满月的第二天开启社交电商事业,带着儿子出去学习,抱着儿子用手机讲课,都是常事。女性特有的韧劲,让宝妈创业的时候真的是痛并快乐着。

创业不需要酝酿,不要等着孩子大了再开始,想要开始就立马开始,可以从加粉,和群友、好友的互动开始,从最低门槛的加入一个团队学习开始。不要左等右等,没有所谓最好的时机,最好的时机就是现在。行动了,问题都能解决,光想不做,问题永远是问题。

第三章
朋友圈营销有方法

朋友圈是社交电商的主要阵地,一定要重视。

一、朋友圈就是你的店铺，门面好才能生意好

对于社交电商人来说，朋友圈就是自己的店铺，因此要想生意兴隆，就要打造一个好的门面。如何打造自己的朋友圈呢？

1. 头像

当你决定要从事社交电商的时候，首先要知道怎么树立自身品牌形象。因为只有先将自身品牌形象树立好，才能选择产品，然后正式运作。

微信头像，最好用本人头像，一定要选择看起来非常舒服的；如果你不自信，也可以选择一个卡通形象，千万不要用非主流的乱七八糟的屌丝头像。同时，一旦选择了一个头像，就不要轻易改变，否则改来改去很难让人记住。

用户一般都希望一眼就看到不同的东西！如果没有拍职业照片，为了吸引眼球，可以利用一些小软件对自己的头像做一些调整。否则，平平无奇的头像，会让你的信誉度大大降低。

朋友圈头像选择的要点是：真实，适度修饰，不推荐花花草草、猫猫狗狗，产品LOGO（除非你是创始人），以及其他乱七八糟不整洁不雅观的照片，也不推荐用极其知名的人的形象照片等。

2. 昵称

在微信朋友圈里，拥有一个得体又有特色的微信昵称非常重要，尤其是对于做社交电商的人而言。

昵称的选择，一定要有趣且简单好记，因为只有这样，才能增加好友的兴趣，才能让陌生人加你时有一种自然感、亲近感；其次，要方便好友记忆，记住了，就不会忘记你。

还有，要选择有内涵有个性的真名，不要添加乱七八糟的符号，不要不方便辨识和记忆的纯英文，不要做A货一族（指在昵称前加大写字母A）；要方便好记，能为自己加分。

需要避免的雷区主要有两个：不要使用广告名或某某商品的销售名字；不能全是符号或生僻字。

3. 个性签名

用户点开你的个人相册，看到的第一句话就是你的个性签名。只有被你的个性签名吸引，他（她）才会去翻你的朋友圈，才会愿意去了解你，否则，就会立刻关掉。想想，你自己平时是不是这样做的。

设置个性签名的一些小技巧：

（1）个性签名一定要简洁。在微信上，个性签名的字数越简洁越好。如果能用15个字表达的就不用16个字，这样才会让人一下子记住。

（2）定位要足够明确。要明确自己的价值观和精神追求，定位要明确。

（3）个性签名要独一无二。个性签名不能抄袭，要把自己的想法表达出来。

（4）要选择能表达出强烈价值感共鸣的签名，让个性签名呈现出你的个人高价值。

（5）不要广告语，不要没有信息内涵的鸡汤文，要体现个性、内涵、价值观。

4. 相册封面

相册封面，被很多人认为是朋友圈广告的最大屏幕，所以绞尽脑汁地想要展示自己所卖的产品，或者自己的招商计划。其实这个思路是不符合社交电商思维的。社交电商，社交是基本属性。朋友圈，是朋友才成为圈子，如果你把相册封面当作是广告屏幕，那么你的朋友圈就不是朋友圈，而是广告圈，那么你和通信录的人不是好友的关系，而是买卖的关系。

社交电商的重点是打造人的特点，主角是你自己。所以，不要用广告思维来布置你的相册封面，推荐使用积极明亮的照片，看起来就有能量的，或者是温馨的家庭照片，让别人一眼看去就觉得很温暖，愿意靠近。暗沉的、沉闷的、负面的、暴力的画面，都不适宜，也不适宜展示那种写满了密密麻麻的团队介绍的图片，让人觉得你迫不及待地想要向他（她）销售。

二、朋友圈营销的战略思维

朋友圈营销的战略思维主要包含一条主线、两个必须及三个内容。忽视了任何一方面，都会直接导致营销的失败。

1. 一条主线：个人的成长

（1）社交电商的本质是人的活动。从社交电商营销的角度看，什么是不变的呢？无论做什么产品，最后无非都要由人来购买，且顾客是因为信任你而购买你经营的产品。当客户成为你的铁杆粉丝的时候，你卖什么他就买什么。时代在变，信任不变。把握住这个定点，一切也就有了章法。

很多人感慨朋友圈成交率越来越低了，客户越来越少了，购买力越来越低了，社交电商越来越难做了。是客户少了吗？是购买力下降了吗？这些都不是主要原因，主要原因在于，他（她）们的朋友圈里只有刷屏的产品信息，没有个人的成长变化，你的好友在你的圈里看不到活生生的你的生活信息，逛你的朋友圈和逛淘宝一样，只有冰冷的数据和冰冷的广告语。

人都是有七情六欲的，七情为：喜、怒、忧、思、悲、恐、惊，侧重体现感情或心理活动。六欲指的是：眼、耳、鼻、舌、身、意的生理需求或愿望。在七情六欲之中，又藏着真、善、美、贪、嗔、痴之心，这些共同构成了人性最本质的部分，而人世间的一切矛盾，皆由人性与欲望的对抗引发。同样，人世间最真挚的信任和交往，也是基于人性与欲望的满足。人性都有向上向善的力量，要让你的圈中好友，看到你在不断成长。当成长的力量传递出来的时候，他人就对你充满信任和向往，买卖成交就很自然了。

社交电商的本质是"卖人"，也就是"卖自己"，因此，朋友圈营销战略的制定，一定要以个人的成长为主线。

（2）信任是成交的基础。做生意不是一锤子买卖，而是一种长期合作。如果想与客户形成长期的合作关系，就要取得客户的信任。那么，如何取得客户的信任呢？

①舍。无利不起早，要想吸引别人，就要给他们利益。如果想让别人对你做有利的事情，就必须先给别人好处，别人能够从这里得到好处，才愿意接近你。中国人还有一个特点，得到别人好处后，心里就会有愧疚感，都会想着回报。用"舍得"心理让客户得到好处，就容易与客户建立一种长期的良性关系。

②傍。要想取得客户的信任，可以借助名人、权威机构的鉴定。尤其是第一次做社交电商工作，与客户第一次打交道，如果想让客户相信你的广告，就要拿出让客户信服的证据，这时就可以让权威人士或机构替你说话。

③名。如果你的名气比较大，在业界的口碑比较好，客户口口相传，

就会在无意识中给你做广告。因此，拉拢好第一波客户，让他们在一种无意识的状态下替你打广告，就能够很快地扩大你的知名度。

④引。想得到客户的信任，必须先吸引客户的注意。吸引完客户的目光以后，让客户对你产生兴趣，买卖成交，才能真正让客户感觉到在你这里占了便宜。

⑤真。信任是建立在诚信的基础上的，策划每一场活动，推广每一项业务，都要以诚为本，实心实意地对待消费者，最大优惠地让利于消费者，形成良好的循环，慢慢地俘获客户的心。

（3）有你的朋友圈才是朋友圈。要展示你的个人成长变化，比如：

外貌气质的变化。从事一段时间的社交电商事业后，随着知识的积累，经验的增加，个人的外貌气质可能就会出现变化。这时候，就要在朋友圈美美地呈现出来。

物质收入的变化。物质收入变化的展示，不仅可以展示和烘托你朋友圈营销活动的热闹，还能体现商品的优良品质，吸引其他合伙人。

思想观念的迭代。人们都愿意跟思想观念积极的人相处，也更愿意相信这样的人。思想保守，只能让人们远离你。

团队发展的变化。如果有自己的团队，就要将团队的发展变化展示出来，因为这种展示也能体现团队的成长。比如团队人数的变化，比如团队伙伴的进步，比如团队的学习活动等。

生活及孩子的变化。生活和孩子往往是妈妈们更关注的问题，而妈妈们确实是朋友圈营销的一大目标群体。因此，要想吸引宝妈群体，就要多展示这种内容的变化。

2.两个必须:必须美和必须坚持

(1)必须美。朋友圈营销要牢记"美"字,即美图和美文。

①美图。一组漂亮的产品照片,绝对有助于销售!相反,丑陋的产品照片也可以让营销功亏一篑。那么如何处理图片呢?

A.如何优化图片?

图片的制作可以借助软、硬件工具。

图片要清晰,重点要突出。背景要干净,如果拍出来的照片背景很乱,就会降低整张图片甚至朋友圈文案的品位。

在不影响美观的情况下,制作的图片最好为正方形,便于显示完全;选用其他形状的图片,要将重要的信息放在中间的正方形框内。因为在刷屏的时代,只有对方感兴趣,才会点击查看,否则就直接刷过去了。

制作图片素材的途径除了拍照、使用手机相册等,还可以通过百度、微博、第三方专业平台直接下载获取,然后使用一些图片处理的APP处理完成。

B.发布图片应遵守的原则。

发布朋友圈图片时,图片数量要尽量选择1、2、3、4、6、9张的数量,这样发出来的图片组合起来才是完整的,更符合人的审美,能够提升产品形象。用5、7、8张数量的图片形式,发出来都是缺一块或缺一个角的。

一张配图发朋友圈时,适合用全景图。因为只有一张图片的时候,在朋友圈里可以被完整地显示出来,横的就是横的,竖的就是竖的;而两张及两张以上的图片都会被自动压缩成正方形形式,只能看到其中部分内容；只有点击进入，才能看到完整大图。

尽量不要用 9 张图的形式，除非需要展示的场景比较多。在朋友圈里，一下发 9 张产品照片，是典型的刷屏行为，很容易被人屏蔽。

推荐使用 3、4 张图片的形式。发布 3 张或 4 张图片，既能满足多角度展示的需要，图片大小又比较适合；看起来清晰，整体美观度也好。

同一条朋友圈文案里不要使用多张重复的照片。尤其在展示产品时，建议由整体图、细节图、场景照片和不同角度的照片来组合安排，否则会让人感到索然无味。

②美文。软文在朋友圈营销内容中占据了很大的比重，一篇优秀的软文就像战争时代的有利武器。你的软文能否传递你表达的信息，能否引起好友的共鸣，能否唤起某个熟悉场景的记忆，能否触动内心柔软的那个部分，直接影响客户对你的信任度，最终会影响成交率。

朋友圈的每一篇软文都是在塑造你和产品的整体形象，无论是产品软文，还是个人 IP 建设的软文的写作，都要真诚，走心。尤其需要注意的是，产品软文不等于广告，朋友圈的文案写作不是广告文案写作。两种完全不同，所以不要写成广告体文案。

发产品圈内容可以从四个方面入手，产品的功能、品牌背书、使用场景和价格。朋友圈的软文短小精悍为好，不超过七行文字能够表达出主题最好，超过七行就需要读者点开阅读原文了。如何写好软文呢？

A. 对象感：写软文的时候你要思考，这条朋友圈内容是对谁说，想传递什么思想表达什么观点，能触动读者的内心吗？

B. 角度：要以读者为中心，站在读者的角度来写软文，而不是以自我为中心的"自嗨"。

C. 细节：不要用笼统的词语堆积，要具体描述，比如好是怎么好法，有哪些证据可以证明，把具体的细节描述出来，举个例子：某某唇膏能瞬间滋润你的双唇，它富含的维生素E油可以填满你的唇纹，让你的唇饱满润泽，水嫩嫩粉嘟嘟。这样的具体描述胜过一句笼统的话：某某唇膏特别滋润，是你滋养唇部的首选。

D. 类比法：把对产品的使用体验类比到一个读者特别熟悉的事物上，引起读者自己的联想，比如：贴上某某某眼贴的清凉舒适感，就如盛夏喝的那一口甘泉。

E. 中心词提炼法：你可以先确定这一条产品朋友圈要表达的中心词是什么，然后进行扩写，如何扩写呢？可以描述你见到了什么，听到了什么，闻到了什么，触摸到了什么，感受到了什么。举个例子，你想要写一条关于洗脸皂的软文，首先是确定中心词——细腻丝滑，然后进行扩充。乳白色的皂体，轻轻地在手心打转几下，感觉像巧克力融化一样丝滑；瞬间无数的泡沫充满了手掌，拍到脸上细腻极了；就如顶级的桑蚕丝巾，轻柔地围在你的脖子上。

其他以个人IP建设为目标的软文，要多表达自己的专业见解、思想、观点，要能够为你的个人品牌建设加分，塑造你在某一个行业某一个领域的专业形象。

为了展示你鲜活的个性和丰富的生活，朋友圈软文要真实，不夸张，不恐怖，融入幽默元素是非常好的选择，幽默也是一种能力。

总体来说，你的软文如果想要入心，对读者来说，要么有趣要么有用，让他愿意看下去，不要像老太太的裹脚布一样又臭又长还自嗨自夸。

（2）必须坚持：坚持下去，每天发圈。

什么时间段为最佳发布时间呢？

①早上6—8点。经常早起发朋友圈的人只要仔细观察就会发现，在一天到晚发布的朋友圈信息中，早上这条被阅览程度最高。如果你是宝妈，就会发现自己每天都会因为孩子的原因早早起床，可是除了看着孩子外，也不知道干其他什么事，只能拿着手机翻看朋友圈信息。还有一类就是上班族，他们在这个时间段基本上已经起床吃早餐、上班，而在这个过程中，人们通常都会拿起手机玩微信，看朋友圈。在这个时间段发布朋友圈信息，就会有很多人看到，且还不用担心发朋友圈的人太多，而把你的信息刷走。因为这个时候，除了这些宝妈和上班族外，其他人还在睡懒觉！

②中午12—14点。上班族整个上午都在工作，没有时间去看朋友圈，下班第一时间就是想赶快抓紧时间看看朋友圈有什么新信息，朋友圈有什么动态！甚至是一些公司白领，在还没有到下班的时间，将近下班的那一刻，已经早早收拾好手头的工作，拿起手机看朋友圈，等着下班了。相信很多人都是这样。而且，这个时候还会赶上吃饭时间，不管是上班族，还是各种各样的人群，都会下班吃饭，吃饭的时候大家都会拿着手机看朋友圈。有些年轻人甚至宁可中午不午休，也要拿着手机躺在床上翻看、自拍、点赞、评论。所以这个时段发布优美的产品信息，能提高信息触达率。

③下午6—8点。在这个时间段发朋友圈信息，建议尽量争取在7点

半就发出去,因为再晚一点,刷朋友圈的人就会多了。这个时候,大家都已经下班吃饱饭,会拿着牙签,跷着二郎腿,拿着手机,跟微友聊天以及看朋友圈。

④晚上10—12点。一天下来,大家都已经累得不行,早早冲凉躺在沙发或床上玩手机、聊微信、看朋友圈!这个时间也是临近晚上休息的时间,基于潜意识的惯性作用,在睡觉前很多人都会翻一翻朋友圈,再把手机丢一边,然后睡觉!所以,这个时间段发布体现你个人成长的、思想深度的朋友圈比较适合。

⑤凌晨0—2点。这年头,夜猫真的是太多了!每天晚上,即使到了凌晨,有些人依然会焐在被窝里偷偷地刷着朋友圈。这时候剩下的基本也是些年轻人,如果你的产品消费群体就是年轻人,这个时间段发简直就占尽了天时、地利、人和之便!最重要的一点是,这个时间段,该休息的早都休息了!所以,不用担心因为同时发朋友圈的人太多,而导致把你的朋友圈信息快速刷沉底。

3. 三大内容:人、产品、商机

(1)人。做社交电商最重要的是经营"人"。

做社交电商,不同于做天猫和淘宝店。开天猫和淘宝店不需要跟用户很熟,开了店,产品上架后,潜在用户在天猫或淘宝平台通过主动搜索,就能看到你的店,只要你的店级别够高,用户购买记录多,评价好,用户不需要知道谁是老板,也会下单购买,因为用户的信任是建立在其他购买用户和天猫淘宝平台的口碑上的;有问题他们会去找平台,就连购买决策都是根据用户购买量和好评衡量决定的。如果你的服务好,产品品质不错，重复下单的概率就会更大。只不过，如今开天猫和淘宝店被动等用户搜索找上门的机会也很小了，需要商家推广自己的店铺或购买流量，因为只有出现在前几页，才有机会被用户看到。

做社交电商，从某种角度来说，完全是封闭式的，不是在某一个公共的流量平台上，不容易被用户找到，需要社交电商将自己不断地分享和推广出去，才有机会让用户知道你的店铺。即使有人通过推广路径知道了你的店铺，也不一定能促成商品购买成交，因为你的店没有任何信任背书，用户凭什么信任你？

所以，要想成交，首先就要跟潜在用户建立起信任关系。彼此认识，用户信任你，都知道你人品不错，服务很不错，在某个领域里又很专业，会给人专业的建议和意见，自然也就愿意听你的。

社交电商的本质其实就是经营"人"，包括经营自己、人际关系、维持用户数量和用户的质量等。离开这个前提和基础，肯定做不好。

朋友圈中，关于"人"的介绍主要有：

①自己。主要包括：自己的成长、生活、家庭、孩子等内容；为了提高信任度，拉近距离，要展示真实的生活，不能虚假。

②团队。主要包括：优秀的上级和下级，共同努力的伙伴。不仅要赞美上级的领导力，还要展示对团队成员的辅导。

③客户。主要包括：客户的故事，客户与你的故事。大家都喜欢有故事性的内容，故事讲得越好，越能激发人们的兴趣，被分享的概率也越高。故事本身比单纯的理论更具真实性、更能打动人、更能引起用户的情感波动或调动好奇心，将客户以故事形式进行生动的描述，大家也

喜欢看。客户购买成功的故事，要用简明扼要的文字图片表现出来，要真实感人，不要夸张，不要强调赚了几十万几百万。内容也可以是自己操作的案例，分析成功的方法、主要技巧，推广自己的业务广告。认真讲好一个故事，尤为重要。

（2）产品。朋友圈必须要有产品信息，这是毋庸置疑的，要传达用户产品的功效和特点，使用的各种场景，客户使用反馈，自己的使用感受等。一个能够卖货的产品圈应该有以下四个要素不断呈现：

第一，产品的成分和功能，你要告诉用户产品由哪些成分构成，如何确认安全性等，让用户知道自己购买的是什么；要展示产品的功能，这是产品的卖点，如果用户都不知道你的产品可以解决他的什么问题或者带给他什么好的体验，他肯定不会下单。

第二，品牌背书，品牌有什么历史，有什么实力，有什么第三方机构的佐证，要适时展现，这可以让用户产生信赖感和踏实感。

第三，产品的使用场景，场景化营销是社交电商成功的重要因素，所以场景化营销内容也是发圈的重点，要通过各种具体场景呈现产品的功能和与众不同，比如：情人节送巧克力给女生，下雨天和女生一起喝奶茶，等等，都是大家非常熟悉的场景。而当你个人成为品牌成为渠道的时候，你就可以自己在各个场景里展示如何使用自己的产品。如果你经营一款尿不湿，你可以在你带娃的很多场景中将产品体现出来，给用户带入感。

第四，产品的价格方面，促销、打折、搞活动都是特别直接的通过价格带动成交的时机，要直接鲜明地呈现出来。

另外,发产品圈的时候不要只是发硬广,这时不是写广告语,而是要把你的诉求点巧妙地融合到场景里,或者故事里。

举个例子:卖茶叶。

文案一:

我们从铁观音故乡的深山里采摘新鲜茶叶,挑选上等精品,再由专业茶师进行一次次翻炒和烘焙。

文案二:

1000公里深山里铁观音的故乡,茶文化已存在了将近三百年的岁月。茶师十年如一日,五百克的精茶,需要夜以继日地逐一挑选。每隔半个小时不间断地翻转,三十六个小时的炭火烘焙,二次烤制,又是一次三十六小时的文火慢烤。

看看这两条文案,哪一条更能打动你?当然是第二条!因为第一条只是简单说了一下产品卖点,似乎是一条放在四海皆准的东西,但是第二条有时间,有人物,有动作,读完之后有一种特别强烈的画面感,有故事情节。同一个事实,不同的文案描述,结果就会不一样。

(3)商机。比如:

社会趋势:大时代下为什么要做社交电商,可以从国家政策导向、法律层面、经济层面、科技层面和社会生活等方方面面来阐述,社交电商是大势所趋。

团队优势:为什么要选择这个公司或者平台,平台有什么实力,产品有什么突出优势,人才培养计划有没有与众不同的地方。总之是要告诉别人,这个团队能为他赋能,助力他创业。

你的优势：为什么要和你一起干，你有什么经验，你可以怎样带领他前进，你的智慧和经验对他有什么吸引力，你的梦想是什么，总之，要让别人感受到你值得追随。

总而言之，朋友圈要有活生生的人的生活状态展示。每天坚持发产品圈，同时要展示商机，这样才能既卖货又能吸引同频的人一起奋斗，组建团队，最终裂变。这些内容，最好是原创的，有独立的思想和个性，能体现个人的风格，人性化而不是广告化。转发的、转载的内容总是比较机械化，缺乏人情味。如果文笔水平和原创能力确实不是很好，也可以通过评论转发、评论名人名言的方式来传递自己的想法。

三、朋友圈营销的具体战术：发圈四要素

朋友圈是产品宣传的重要途径，一定要多加关注，并采用正确的方法提高营销效果。

朋友圈发布信息不能肆意而为，要关注四个要素：

1. 文案

社交电商人基本以宝妈为主，而宝妈大都是非营销专业，虽然韧性很强，很懂营销，但文案一直是她们从事社交电商的一个短板。针对这个属性，在写朋友圈文案的时候，尽量不要起高范儿，多从正能量以及婚姻家庭方面去写，既是大白话又有道理的文案比较受欢迎。

当然，朋友圈文案要短小精悍。一般人都不喜欢长篇大论，只要抓住产品的一个卖点，营造一个画面即可。可以进行系列文案的撰写，比如：把产品的所有卖点都写成类似的文案，然后进行刷屏式发布。

朋友圈文案虽然很短，但是排版很重要。写文案的时候要注意三点：第一就是要有小标题，不能太突兀；第二是可以使用一定的表情符号，增强幽默感，否则显得太冰冷；第三要使用短句子，便于用户阅读；通篇豆腐块，只能让用户感到疲累。

2. 配图

想要做好社交电商,打造一个高质量的朋友圈是很重要的。好的图片能快速吸引好友的注意力,可以丰富文案中的文字,图片的真实性还能加深客户对你的信任程度,起到锦上添花的作用。除了平时的一些客户反馈的截图和打款图,其他图都需要美工作图,所以在写文案的时候也要兼顾到海报的内容。要让文案和海报内容匹配,要有相同的内容进行相互衔接。那么,发布朋友圈图片需要注意什么呢?

(1)让产品创意化。新奇的东西总是更吸引人,一定要让创意成为产品的焦点,比如:新包装、细节图等。

(2)让文字人情化。在电视广告中,很多品牌方常会请一些明星甚至普通人来代言产品,原因很简单:出现人的广告比没有人的广告更能吸引人们的注意。社交电商也一样,如果你的产品能让受众和广告的使用者产生身份认同,带他进入你的场景并感同身受,那么,他们就会对你的产品更加了解、更加信任。

(3)让生活真实化。一定要在朋友圈晒真实的生活场景,让好友对你有所认知,增强对你的信任感,这样更有利于增加互动,引导成交。当然,有的照片还可以反映出不同角度的心情,体现你与别人不同的心态情怀。从不一样的角度看同样的事物,才能高于他人,才能为别人带来更多的价值!

(4)让形象符号化。很多品牌方的产品都有虚拟人物代言人,这就是使形象符号化。让一个人物角色出名就是让它所代表的产品出名。人们不会关心生产该产品的公司或者厂家,更在乎的是虚拟人物形象是否会被接受，比如：肯德基的白胡子大叔，当人们看到该图片的时候，多半都会想到肯德基！所以，要用图片做潜意识营销。

（5）让广告植入化。重复用一张图片或连续用含有类似内容的图片，发布到朋友圈，也可以起到潜意识营销的作用。当然，也可以利用人们的好奇心、热心发布一些求助类的文案，为自己做植入广告。

3. 地址栏

地址栏中，完全可以使用点睛之笔，也可以对团队的价值观和理念进行展示。

4. 自评

自评可以作为对正文的补充，也可以用来和好友互动，也可以作为广告区域。一些重要的圈如果没有自评，就仿佛一个人穿着华贵的礼服却光着脚丫子。

自评可以在发圈的时候同时写上，也可以在发圈后 10 分钟左右添加，同时，自评还是一个"艾特"好友的二次营销手段。如果这条朋友圈点赞和评论的人非常多，你回去自评一次，所有点赞和评论的好友都能看到，相当于和他们再次进行了联结。当然，不能对同一条圈反复自评引起他人关注，这样别人以后都不敢点赞不敢评论了。

四、朋友圈晒晒更健康

朋友圈营销离不开"晒",记住:晒晒更健康!

1. 晒产品

晒产品资质、产品功效,用户知道了这些信息,就会对你多些信任,需要该产品的时候,就会选择你。

晒产品主要从两方面来晒:质量和数量。

(1)晒质量。朋友圈充斥着很多假冒伪劣产品,向客户证明产品的质量是一件非常有必要的事情。

从产品质量的角度出发,可以晒品牌授权书、品牌的代言人、品牌获得的奖项、品牌过去的辉煌业绩、产品的质检报告、产品的政府备案文件;还可以晒产品的采购原料、产品的加工过程以及生产车间的规模和环境等与产品有关联的每一个环节信息。当然,有些信息需要品牌商来提供,要积极地向品牌商沟通获取。

此外,还可以自己做一些产品的小测试。例如,做化妆品的宝妈,可以在淘宝上买一些化妆品检测试纸,对自己的产品进行铅汞重金属或激素等项目的检测;还可以买一些荧光剂检测笔,对产品进行荧光检测。

任何一款产品都有测试其质量好坏的方法，只要努力收集，然后在朋友圈展示给客户看，就能让客户亲眼见证产品的质量和功效。要注意的是，测试的方法一定要科学。

（2）晒数量。除了晒产品的质量，还要晒产品的数量。

在产品的数量方面，可以晒出货的数量，也可以晒进货的数量。在现实场景中，可以晒产品发货或卸货的过程图片，还可以晒快递小哥照片、发货单、快递单等。

在晒产品的过程中，可以制造一些紧迫感和火爆感，让客户知道我们的产品销量很火爆，供不应求。比如，产品的缺货断销、客户的高频率复购、代理的持续进货等。

此外，还可晒一些与产品有关联的营销方案，比如：限时限量、超值赠送等。

2.晒你的专业度

良好的知识积淀可以树立个人的专业形象、打造个人品牌、树立良好口碑，比如：产品知识、使用须知、注意事项、相关专业知识。要尽可能地把和客户互动的内容公之于众，不仅要天知地知，你知我知，还要让客户知道你的专业度。

要将专业知识的展示融汇到互动中，比如：可以晒和代理的互动、和客户的互动、和大咖的互动、和家人的互动、和朋友的互动，也可以晒团队的互动、社群的互动、培训的互动。只要互动的内容是有关专业知识的，都可以晒出来。

可以晒微商领域的知识、护肤领域的知识、育儿领域的知识、保健领域的知识等。想成为哪个领域的专家，就晒哪方面的知识。当然，前提是分享的知识要和产品有关联，通过专业知识教育引导客户，让知识带动产品的销售。在晒知识的过程中，还可以晒粉丝向我们请教知识的互动截图，晒我们参加培训活动的照片等。无论是获取知识，还是传授知识的信息，都可以晒出来。

在专业知识的展示中，要养成把互动的聊天内容随时随地截图保存起来的习惯。例如，客户在咨询产品信息或反馈产品效果的时候，在与客户或代理成交的时候，客户在复购产品或代理在补货的时候，都可以及时截图保存起来，存进素材库。有积蓄才有爆发的力量，要做一个有心的社交电商，随时随地地收集身边的素材。

3.晒使用反馈

自己使用打卡、客户使用反馈（聊天记录截图）、使用前后对比图等。

用户最在乎的是效果，客户使用反馈是良好效果的最好见证。自己说好不算好，从用户嘴里说出的才是真正的好，用户说一句，比你苦口婆心地说一百句都强。因此，要想提高说服力，就要将用户反馈晒出来。比如，有图有真相，发减肥前后的对比照，瞬间就能解决所有的问题。当然，这里最好用自己的对话截图。

所谓晒反馈，也就是我们常说的买家秀。一个完整的产品买家秀应该有两个对比：使用产品前和使用产品后的对比；使用该产品和使用其他同类产品的对比。要经常晒一些体验的对比照。

通过晒反馈，要让所有人都知道：我们的产品，家人在用、闺蜜在用、同学在用、朋友在用，身边的人都在用，而且用了都说"好"。要想让别人知道谁在用，就一定要在文案中介绍清楚。

在晒反馈信息时，要以过程为导索，以结果为导向。晒反馈的过程就相当于放映一部连续剧，可以持续地晒客户的体验过程，让有需求的客户持续关注，最后让客户亲眼见证体验的结果。

4. 晒出单

高调晒收入，能刺激一部分人跟你做代理，但切忌无成交。可以晒快递单、现金视频、送货视频或者图片，可以晒和用户的合影（你或者用户的手里拿着产品）。

赚钱，是每一位社交电商人奋斗的目标，是衡量社交电商事业成败的一个重要依据。晒出单对于想从事社交电商职业的人有一种莫名的吸引力。可以晒客户或代理支付货款的截图，可以晒很多出单的截图。

当然，在晒出单的过程中，要适当地晒，不能夸大其词，过度地晒出单只会让人产生抵触和反感。同时，晒出单，要尽量用视频来展示，比如，晒出单的场景，可以用录屏工具动态展示；或用手机拍另外一个手机，用滑屏的方式来证明不是 PS 图片，而是真实展示。

5. 晒你的蜕变

可以将自己的学习体会发到朋友圈，比如：学会了哪些沟通技巧、怎么赚钱、给家人买了什么礼物、做社交电商前后的变化等。用户看到你的变化，就会相信你已经赚了钱，在从众心理的驱使下，才会购买你的商品。

在生活中，人们都是喜欢和有正能量的人在一起。一个充满正能量的人可以感染身边的一群人,他带给我们的永远是积极向上、乐观开朗的能量。通过晒自己的蜕变,可以让粉丝看到我们在很认真、很努力、很用心地经营着自己的事业,以此来间接告诉他们:我们是有梦想、有抱负、有目标的人,我们每天都充满了激情和阳光。

可以晒努力工作的状态,也可以把朋友圈当成是自己的日记本,写下每天要做或做过的事情,规划出每月、每周、每日的工作计划。

通过慢慢积累,朋友圈就会成为我们成长和成功的见证,而粉丝也会通过朋友圈慢慢地认识我们、信任我们,最后与我们成交。

当然,在晒个人蜕变的过程中,要把朋友圈打造成为讲述励志成长故事的地方,不要给公众传达一种做社交电商很容易的感觉,要分享一路走来的艰辛、努力和汗水。

6. 晒团队

优秀的团队吸引优秀的人才。晒团队,别人就能知道,你不是一个人单打独斗,有团队帮助你成长,能够少走弯路,多赚钱。

在社交电商创业的路上,团队给人一种很温馨的家的感觉,特别是初做电商的小白,有了团队意味着有了依靠和归属。

通过晒团队,可以向有意向的代理传达一种声音:跟我干,你不再是单枪匹马,而是团队作战,同时还可以彰显自己的能力和魅力。

可以晒团队成员平时的聊天互动记录;晒团队成员在线下活动聚会的合照;也可以晒团队成员加入团队后的成长和蜕变;还可以晒团队的公开课、团队的招商会、团队的培训会情况等与团队有关联的信息。

作为团队的创始人,平时要经常和团队成员保持互动,积极开展线下活动，比如：聚会、地推或沙龙等。要多带领团队成员参加一些线下活动，比如，各种社交电商组织和大咖举办的线下活动；在条件允许的前提下，也可以带领团队成员参加一些户外拓展训练。

参加的线下活动多了，朋友圈晒团队方面的素材自然也就多了。团队成员参加线下活动的时候，可以给其定制带有团标的 DIY 服装，也可以定制可佩戴的徽章。有共同标志的团队合影照，会更具有震撼力和凝聚力；无时无刻不在告诉每个团队成员，我们来自同一个团队。

7. 晒读书学习笔记

每个人或多或少都有一些人生感悟。感悟来源于亲身经历与感受，有的是渐渐领悟，有的则是瞬间开悟。

在朋友圈中晒一些人生感悟，也会让粉丝与我们产生共鸣。有了共鸣，也就跟粉丝之间有了共识和默契，如此也就为后面的沟通互动奠定了良好的基础。

人生感悟的文字描述，经常会伴随心灵鸡汤的出现。但实践告诉我们，在朋友圈晒感悟，一定要结合自己的生活和情感，不能赤裸裸地来一段心灵鸡汤，毕竟现在很多人都对心灵鸡汤产生了免疫抗体。要先描述某一发生的事件，然后再引入心灵鸡汤，让人们去细细品味。

例如，最近你在育儿方面遇到了哪些问题，身边的朋友是如何帮助你的。大致是：先把遇到的困难和朋友帮助你的事情简单描述下，然后再引入一些关于友谊之类总结的心灵鸡汤。

在朋友圈晒感悟，一定要图文结合，把身边发生的每一件事情当成故事来写；不一定非要写自己的故事，也可以写别人的故事，比如，客户的、代理商的、朋友的、同学的、孩子的等。

对于宝妈来说，完全可以以宝妈的口吻发朋友圈，发产品信息，吸引大批同为宝妈的人追随你。也可以晒宝宝，写育儿经验，发货时孩子在旁边玩耍的镜头，吸引做妈妈的人在你身上找到共同点。女人都是感性的动物，或许某一点就能打动她。

8. 晒生活

朋友圈不能太死板，需要增添一些富有人情味的内容，让公众知道你不是机器，而是一个懂得品味生活的人。

有人情味的内容所有人都爱看，它能帮助我们抓住粉丝的注意力，继而产生互动。即使对方知道你是社交电商人，这类生活信息也会让对方降低对你的职业设防。那么，怎么增加人情味呢？很简单，晒生活。

晒自己的生活写照，就能增加粉丝对你的亲切感和信任感，展现一个真实存在的自己。比如，带着孩子跟朋友一起出去玩了，可以晒晒孩子们玩耍的照片；亲自下厨给家人做了一顿饭，可以晒晒自己的厨艺；发生了有趣或开心的事，可以晒晒有趣的内容或开心的画面；还可以晒生活中的窘事、孩子的萌言萌照等。当然，晒的内容一定要是正面的和有趣的，不要使用负面和八卦的内容。

在晒生活的过程中，可以将产品融入其中，让产品的插入在生活状态内容中起到软植入的效果。举个例子：

有个宝妈做儿童玩具，在她的朋友圈，经常会看到她的孩子玩耍、做游戏的照片，而她所销售的玩具都被一一呈现在这些照片中。同时，为了凸显玩具的好处，她还会搭配上一些介绍产品的软文。看到她的图片，很多圈中朋友都会跟她咨询玩具事宜。如此，在不知不觉中，就将玩具销售出去了。

五、个人IP（个人品牌）打造

1. 纯小白第一天招募32位合伙人

我于2018年8月8日开始社交电商创业，在这之前，我一直在心理学和家庭教育领域耕耘，我一直视教育为我的终极梦想。我是这么想的，也是基于这点做的，所以，在我过往的朋友圈里，我一直在呈现我对教育的执着，对阅读的热爱，对家庭的重视，以及对孩子未来的思考。尽管那时我没有很清晰地打造个人IP，也就是个人品牌的思路，但是我在无意识中，塑造了自己鲜明的个人IP，那就是我是一个具有心理学背景的家庭教育工作者。所以，经常会有宝妈在朋友圈评论或者私信我一些关于教育的问题，我也都会一一免费解答，为她们答疑解惑指点迷津，可以说，一直在为她人提供价值。所以，当我那天宣布要开始社交电商创业的时候，32位宝妈仅仅因为对我的信任，就加入我的团队，决定和我一起奋斗。这就是个人IP的力量！如今，第一批加入我团队的小伙伴，很多都已经成长为优秀的团队长，她们也打造了鲜明的个人IP，吸引了同频的小伙伴，一起左手育儿右手做社交电商。

2. 什么是个人IP？

个人IP，是网络用语，简单说，就是个人品牌。个体崛起的时代，人人都是自品牌！

如今，个人IP也不再局限于网红、老板、知识达人、社交达人……这些范围中已经有越来越多的人陆续加入到打造个人IP的行列。个人IP的打造，不仅能推动个人的商业价值，还能够极大地提升个人知名度。因此，做社交电商进行朋友圈营销，打造个人IP非常重要。

做社交电商的这几年里，听到很多同行都发出过这样的抱怨："我做社交电商，基本上做了一个多月，什么动静都没有，除了刷圈，别的都不会。石头扔水里还有个动静呢，我做社交电商一点动静都没有，好像我的产品还不如石头，起码石头我还舍得扔。"为何人们会做出如此反应呢？

答案就是，客户信任度太低，交际圈太小，客源太少，出货速度太慢，囤货太多！这几个问题连起来，就会进入一个死循环：交际圈小，导致客源少；客源少，导致出货慢；前期拿代理的时候的囤货，或公司出新品的速度大于我们出货的速度，致使我们囤货太多；囤货太多，有人直接放弃了产品，于是低价处理，或疯狂发圈，抑或虚假广告。然后，客户信任度逐渐降低。那么，如何才能避免走进这个死循环呢？这里做个分析：

多数人在做社交电商的时候，只会一味地刷圈，致使朋友或用户纷纷屏蔽他，严重者还会直接拉黑或删除他。有些人只会发产品，给人的感觉就像在摆地摊吆喝一样，本来很高端的产品，经过长期吆喝，给人感觉跟地摊货一样平淡无奇。

其实，导致这个后果的就一个原因，那就是经销商本身的个人IP没打造好。所有的销售都建立在信任的基础上，而信任的顺序应该是先信任经销商这个人再信任产品，比如，让一个贼眉鼠眼的人去卖黄金，估计再便宜也没人愿意买，这就是先信任经销商本身的一种表现。

对于社交电商人而言，更要很好地塑造个人IP，因为朋友圈就是展现一个个人IP的地方。一旦打造好个人的理想IP，也就建立了信任的基础。之后，再配合推出好的产品以及简单的销售，就很容易成单了。

为什么说一旦打造好个人的IP，就与用户之间解决了第一步信任的问题呢？如同我们寄东西，要想提高速度，就得用顺丰；想使物品准确送达偏远地区，人们就会想到邮政……想要产生类似的效果，打造自身IP就能准确地表达其特色。

打造自己的适合IP，会给社交电商带来很多好处：一则可以降低用户缩短品牌的认知过程，信任你这个人，同时信任你介绍的产品；二则客户对比选择时也能缩短时间，因为在你和另外一个销售者之间，谁的信任度高，用户一定会买谁的产品。

个体崛起的时代，人人都是自品牌。关于个人IP的理解就好比，说起马云，就会马上想起阿里巴巴；说起乔布斯，就会立刻想起苹果；提起马化腾，就能立刻想到腾讯。"酒香不怕巷子深"的时代已经过去，个人形象也是团队形象的一部分，如果个人形象塑造得非常成功，不仅团队的知名度、美誉度会大大提升，还可以成为做社交电商最大的金字招牌。

互联网时代的竞争其实就是IP的竞争,个人IP运营得当,就会将个人价值转化成团队的品牌价值,慢慢凸显之后又会反过来烘托个人价值。因此,打造个人IP有以下优势:

(1)更低的认识成本。有了个人IP,首先,人们更容易对你完成认知。没有IP,别人要想了解你,就需要花费更多时间、精力和金钱。

(2)更好的信用指数。有了个人IP,更容易获取别人的信任。商业交易的本质就是信任,没有个人IP,要让别人信任你,就很难。

(3)更高的溢价输出。同样的产品,同样的服务,你可以卖得比别人贵,且推广成本远低于没有IP的社交电商人,就能获取更多的利润。

(4)更多的话语权。有了IP品牌,你说话大家愿意听,也愿意相信,这就是价值。

3. 打造个人IP的思路

(1)定位:个人定位是个人IP打造十分重要的一环,有了鲜明的定位,才能在新媒体的"海洋"中让用户容易抓取到你的个人特色,并有机会成为你的粉丝。同时,个人定位也决定了后续的IP打造方向和推广方式。

如何定位?就是想清楚你想成为一个什么样的人。问自己几个问题:我是谁?想要影响谁?我最擅长的是什么?宝妈群体是社交电商的主力军,很多宝妈都身怀绝技,比如:她们中很多是绘本达人、故事达人、手绘达人、手工达人、亲子阅读达人、英语启蒙达人等,可以深入自己在某一个领域的特长和爱好挖掘。

（2）符号化：所谓符号化，就是确定你在行业中的具体位置，并给自己一个高大上的身份，然后再想尽办法去打造这个身份。符号化要求你用一句话或一个词概括你的定位和方向，这样易于反复展示和传播，塑造出你的独特形象，获得客户真正的认可和关注。只有这样，才能让自己的个人IP深入人心。

（3）持续地输出内容提供价值。要想让用户欣赏你、认可你，可以为他们提供一定的价值。打造个人IP，内容是前提与核心，内容价值是不变的王道，能给粉丝提供多大价值的内容，就能吸引多少粉丝。

提供的内容可以是多渠道、多方面、多元化的，但一定要符合当下社会价值观，对用户有帮助；可以不"引领潮流"，但不能随波逐流，最好要表现出异于常人的独特观点或品位，萌生出不吐不快的强烈表达欲，给粉丝留下深刻印象。

在价值内容输出方面，可以向《罗辑思维》的罗振宇学习。从个人网红到成功打造个人品牌IP，他涉猎经济学、历史学、创业等领域，得到了人们的广泛认可，"有种""有趣""有料"也就成了他的专属名片。

要用时间积累信用成本，树立值得信赖和值得追随的形象。

六、只有硬广告的朋友圈很危险

大发硬广告,强迫人们接受,是非常危险的!硬广告有哪些特点?

1. 没有温度冷冰冰

如今,依然有很多社交电商人的朋友圈只有广告,没有活生生的人,更没有自己。他们一天刷屏几十条,一眼望去是无数的珠宝,无数的漂亮衣服,无数的美食,却让人毫无兴趣。

冰冷的广告,只能将人们冻死。质量不高的广告有哪些特点?

(1)毫无生机和能量。能量是从文字里由内而外迸发出来的,它呈现一种生活的态度,像太阳一样,可以感染别人。整天只有广告刷屏,毫无能量的流动。人们之所以愿意关注你,是为了开心,为了能量的交换,而不是来看一潭死水。

(2)少了原创,多了复制粘贴。任何人都不愿意跟不爱思考的人打交道。文笔差,不是理由。整天粘来粘去,没有个人创意,没有新内容,人们都会远离你。

(3)没有自己的朋友圈风格。千篇一律的朋友圈,令人反胃。好的朋友圈都是这样的:要么自黑自嘲,可以博人一笑;要么分享有用的心得或讯息，能让人们一起学习；要么文艺清新，让人觉得舒畅。

2. 刷屏的朋友圈是暴力的朋友圈

如今，很多做社交电商的，把商业头脑都用到了微信朋友圈上。不知道从什么时候起，朋友圈里到处都是发卖保健品或食品广告信息的，如此，对于不喜欢网购的人来说，简直就是一种折磨。想看看微信朋友圈，可是只要一打开，别的看不到，一下子却能刷出几百条垃圾广告，真是苦不堪言，最后只能不看朋友圈。

到了今天，依然有一些社交电商小白，整天都在刷广告。不可否认，在早两年，刷刷广告确实可能带来一些收益，可是现在刷广告的代价就是被拉黑！更重要的是，一些社交电商的广告还是复制过来的，或者是硬广告，粉丝根本就不会为此买单。

作为社交电商人，确实能利用朋友圈销售商品赚取利益，但要掌握好节奏。整天不停地发，会让别人厌烦，最后被好友屏蔽掉。一天发一百条也是白费工夫。正确的方法应该是：

（1）数量要少而精准。仅靠刷屏，并不能盈利，反而有可能导致刷得越多被拉黑屏蔽的概率越大。为了解决这个问题，就要重视广告的质量。

（2）先来笑点，兼做广告。在朋友圈中卖东西，不能全是推广告，要发表或分享一些有意思的内容，让朋友圈的用户觉得这件产品不是太差，不至于把我们屏蔽或拉黑；不要赤裸裸地进行宣传，可以给广告增加一些有趣味的语句或小故事，提高广告的质量。

3. 先有社交后有成交

很多时候，用户之所以要购买你的产品，看中的是你个人。只有跟用户建立起和谐的关系，才能让他们产生信任感。因此要想提高成交量，就要多跟用户沟通和交流。具体应怎样做呢？

（1）多采用提问等形式的内容发微信朋友圈。例如，如果销售的商品是儿童益智玩具，就可以提问：孩子不喜欢动脑怎么办？本地哪里有卖益智玩具的？等等。配上合适的图片发朋友圈，就会吸引别人评论回答。同时，不能涉及隐私或比较偏门的问题，要针对微信好友的群体去提问。

（2）时不时给别人的朋友圈点赞。别人发的朋友圈，都希望有人点赞和评论，可以不定期对别人发的朋友圈点赞和评论，增加与微信好友的朋友圈互动。一般不用每次都去点赞，否则容易适得其反，显得不够真实。

（3）评论自己的朋友圈。如果自己发的朋友圈没人评论，又想营造出有一定人气的氛围，就可以对自己的朋友圈发评论。

为了提高互动质量，可以依次从用户的心理入手：

（1）求知心理。每个人都有好奇心，比如，发现问题以后，如果不知道问题的答案，不管这个问题跟你有没有直接关系，你都会想知道答案。这就是人们的好奇心的体现。所以在朋友圈中，用神秘事件来吸引用户积极互动，非常有效。举个例子：你在朋友圈中发布一条信息，告诉别人在今晚10点的时候将公布一个特别重要的消息……当朋友圈里的人看到这条消息的时候，认识你的或平时关注你的人肯定会问你要发布什么消息。

（2）示弱心理。什么是示弱心理？比如，你遇到了一个困难，需要大家的帮助或建议，这时有爱心的人就会为你提供帮助。比如："宝宝感冒发烧38.2℃，如何退烧？急急急！"这就是一条寻求帮助的信息。看到信息的人如果知道答案，自然就会帮助你，知道答案的人肯定不希望宝宝继续发烧难受。这个时候，对于回复你的，就要夸一下，比如：说对方有爱心、懂得多，等等。要让对方感觉到自豪，给对方贴上褒义的标签。

（3）趣味心理。任何人都不会拒绝快乐，没有人会拒绝开心，所以在朋友圈中发布一些好玩的内容，别人就会注意到你的信息。在朋友圈中发布一些有趣味的信息，再配上一个容易回答的问题，互动性自然就会增强。当然，在朋友圈中抛出问题，问题设计不能太复杂，没有人喜欢复杂的东西，简简单单效果最好。

（4）获得心理。朋友圈里的小伙伴通过你发布的微信消息获得了某样东西，这种互动是非常有效的。比如：点赞送红包、评论送礼品、有奖问答等。前段时间，某社交电商的朋友圈里掀起的"朋友圈交租金"的话题，以此为切入点，互动性强，阅读的人一看就知道这个人要发福利，就会点开消息持续关注。

当然，这种方式的参与度高低主要看你的奖品或对方想要获得奖品的意愿强烈与否。对一群脸上起痘痘的女性卖治疗口臭的产品，参与性就会降低，因为她们本身对这个产品根本就没有需求。

七、让朋友圈动起来

朋友圈不能是死的，要是活的，要有生命力！

1. 主动互动

（1）点赞。有些人的朋友圈互动率很高，点赞和评论都很多。自己的朋友圈为什么没有这么高的互动率呢？应该从自身找一找原因。不妨回想一下，当别人发朋友圈的时候自己有没有去点赞或评论过？

所谓互动就是礼尚往来，不给别人点赞评论，别人凭什么要去给你点赞和评论？所以，想要自己的朋友圈有好的互动就要主动出击，平时逛朋友圈的时候，多给别人点赞和评论。每个人都喜欢被别人关注，你在关注别人的同时别人也在关注你。

当然，给别人点赞和评论的时候，有六点需要注意：

时间不宜过早过快。要想取得理想的效果，就要在对方发布动态的五分钟后再去点赞。过快过早地点赞，可能会让对方怀疑我们的诚意，也有可能被误认为是自动点赞软件所为。如此，不仅不能起到互动的作用，反而会让对方反感。评论最大的好处在于，让对方知道我们用心看完了他的这条动态。同一个好友，没有必要对其每条朋友圈都去评论，在时间有限的情况下，要优先评论值得互动的好友。既然要评论，就一定要让对方通过评论对我们产生印象，要让对方知道我们的评论是用心的，所以一定要精心设计评论内容。

互动的同时帮助对方。所谓帮忙式互动，就是自己遇到了一个问题，希望通过集思广益来解决问题。例如，可以在朋友圈发，"最近皮肤比较干燥，大家有没有保湿度比较高的护肤品推荐下？""今天刚到重庆来旅游，不知道这里有没有什么好吃的，知道的朋友赶快帮帮我哟。"等类似的帮忙式问题。发这样的朋友圈不一定是真的需要帮忙，可以仅仅是为制造互动而创造问题。帮助式互动只能在朋友圈中进行。

使用趣味性游戏互动。所谓游戏式互动就是，在朋友圈发布一些小游戏，使大家积极互动。除了测试类游戏，还可以使用猜一猜游戏，比如，在朋友圈发："今天老妈又逼我去相亲，一共见了三位相亲对象，分别是……我相中了一位，大家来猜一猜会是哪位？"在发朋友圈动态的时候，一定要将图文结合在一起，文字和图片都要精心设计好。

想清楚互动的价值。社交电商人要在朋友圈多晒一些与专业知识有关的内容，内容还要保持稳定性。今天晒护肤方面的内容，明天又晒婴儿方面的内容，再过几天又晒其他方面的内容，只会让人觉得不专业。专业性的塑造一定要保持稳定性和持久性，因为每个人都愿意跟比他们更专业的人互动。

用奖励促进互动。所谓奖励式互动就是，只要参与互动，就能得到一定的奖励。当然，这种互动也可以搭配帮忙式互动和游戏式互动来进行，目的在于调动参与者的积极性。

留言：请教式聊天。任何人都不是全能的，总会遇到自己解决不了的问题，这时候就可以把问题对用户说出来，以谦虚的态度向他们请教。对于这样的问题，用户一般都是愿意回答的。有了一个问题，之后就可以引出第二个、第三个问题，聊的次数多了，彼此有了好感，商品销售也就容易了。比如：面部毛孔粗大，使用何种洗面奶？脸色发暗，该使用哪种 BB 霜。这时候，他们就可以给出专业性的答复了。

（2）点赞有奖活动。提高朋友圈互动率的一个常用方法，就是在朋友圈进行奖励活动，例如，点赞的第 5、10、15 名有奖励。当然，这类活动要准备好一些奖励，提高朋友圈互动的积极性。

互动，是朋友圈的灵魂，甚至在某个程度上比内容更重要，让你的好友和你更有黏性。不过，帮助式互动只能在朋友圈中进行，群发互动就不适宜用这种方法，因为对于他人而言，这也许是一种骚扰。

2. 被动互动

（1）感谢点赞。如果你发的内容足够好，很容易引发用户的点赞。这时候，就要对他们表示感谢。比如："谢谢！""谢谢，以后我会更加努力。"

（2）真诚回复留言。对于用户提出的问题或留言，要认真回复，尤其是针对产品的问题，更不能忽视。一般建议先回复留言，再引导私聊，或者在留言里直接回复：谢谢关注，私信你。

在朋友圈，用户跟你互动，一定要真心地回复。因为只有你尊重别人，别人才会更加尊重你、重视你。平时也要多给微信朋友圈的人点赞，多评论，以便增加自己的曝光率，让别人注意到你。现在的人看到朋友圈里的信息提醒，肯定会点开看，他们看到你如此关心他，自然也会愿意进一步了解你，如此也就增加了朋友圈的被打开概率。偶尔还可以先修改一下自己的昵称，比如：昵称+什么什么限时五折，然后再去有规划地走心评论加点赞，就能顺带提高广告的到达率。

第四章
沟通：社交电商的基本功

很多人做社交电商，最大的障碍就是沟通。这里的沟通又可以分为两个方面：沟通的原则、沟通的逻辑。

一、沟通的原则

1. 以对方为中心

沟通的时候,只有以对方为中心,好好说话,才能让对方感到舒服。

平时在生活中遇到一些人,可能聊了很多次,也无法产生心有灵犀的感觉,只是泛泛而谈。但有些人可能只要说一两句话,就会觉得他是知己。可以想到,高情商是什么?就是以对方为中心,让别人感到舒服,让身边的人都愿意跟你在一起。

当然,要想养成高情商的沟通习惯,也需要掌握一定的方法。稍微思考一下,在你的认知当中,什么是沟通?学术上认为"沟通"就是,人与人之间、人和群体之间的思想以及情感的传递与反馈,最终求得思想的一致和情感的通畅。这里,有几个关键点。

首先,进行人与人、人与群体之间的思想与感情传递,并得到反馈。

通俗一点讲就是,要有信息和情感的交互,也就是说,你说一句话,对方要接收这个信息,才是沟通。在实际生活中,我们认为的沟通是什么?我找他做了沟通,可是将自己的想法都说完了,对方却没有理解,并没有按照你的想法去行动。其实,这并不算沟通,真正的沟通需要达成思想和情感上的一致，并让这个人有所行动。给大家讲一个小故事：

有个生产头痛药的企业，生产了一款非常棒的头痛药，不含伤胃的阿司匹林成分，却能够带来更好的保护功效。生产了该款药之后，公司就把药物功效如实地打在了包装盒上，然后上市了。结果上市以后发现，销量并不好。经营者感到很纳闷，为什么药品的品质不错，也在说明里明确表达了自己的优势，销量却不好？他邀请一位营销大师来帮他做市场调研分析，帮他重新做整理和策划。

营销大师进行了一系列的市场调研，得到了消费者反馈，并对该产品进行了研究，之后写了一句话，然后该药厂把这句话添进了产品说明上，再次将药品投入市场，销量提升了500%。营销大师给出的这句话就是，本药品不含阿司匹林，不伤胃！

读了这个案例，你收到了什么样的讯息？药厂开始说："不含阿司匹林。"是从自己的角度去说的，是从研发角度来说"我的药品很好，不含阿司匹林"，而很多消费者和药品的使用者并不知道什么叫作阿司匹林，自然也就不会知道阿司匹林会带来怎样的伤害，不知道该药品的存在跟自己有什么关系，只有极少数了解医学的人才懂这句话的含义，觉得该药不错，既能止头痛，又不伤胃。

可见，一开始，这句话药厂是从自己的出发点去说的，并没有考虑别人能否听懂。而营销大师只换了一个视角，从使用者的角度说了一句话，就把药品的好处从使用者的角度发掘出来了。因为他知道，用户只知道吃止痛药，并不知道会带来什么伤害，告诉用户该药不含阿司匹林、不伤胃，他们就会知道该药的伤害是最小的。从用户的立场去讲话，药品的销量自然就能提升了。

综上所述,要想提高沟通效果,就要以对方为中心,学会取悦别人,学会温暖别人,多说让别人感到舒服的话,同时学会从别人的角度来思考问题。

做社交电商,不是卖产品,而是在交朋友,朋友越多,人际关系越广,生意就会做得越大。互联网时代,信息的透明度越来越高,想要取得更好的个人品牌知名度,就要努力成为让更多人喜欢的人。尤其是生意人,更要圆融,更要让更多的人喜欢。因为从经营的角度来讲,喜欢你的人越多,跟你做生意的人也就越多,创造的价值才会越多。

2. 倾听+赞美

倾听就是爱,赞美就是万金油。

(1)倾听要用心。在零售销售的沟通中,更要注意倾听。倾听是一切沟通的前提,赞美适用于所有的人。保持一双倾听的耳朵,一颗倾听的心,就能够听到客户语言背后的需求和痛点,就能有针对性地为他提供价值服务,为他打消顾虑,就能在无声中促进成交!不懂得倾听,一味地推销,可能追得越紧,客户跑得越快。

倾听是建立信赖感最重要、最有效、最简单的方法之一。在沟通中,认真倾听客户的讲话,不仅能获得对方重要的信息和需求点,还能获得对方的信任和好感。当客户认为你尊重他、在乎他、认同他的观点时,后续的沟通就会变得很轻松。

看到客户,不要一上来就滔滔不绝地介绍产品,要先倾听,了解客户的想法,特别是要学会使用销售提问方法。只有打开客户的心扉,才能知道应该怎么说。上来就废话一通，对取得好结果无益，要先问明白客户想要什么。如此，才能节省口舌，不会引发客户的反感，说不定还能给客户留下善于思考的好印象。

（2）赞美要具体。赞美主要分为：描述性赞美、提问式赞美、请教式赞美。

①描述性赞美。这种赞美可以分为三段即三个句式：第一个句式就是描述所见。第二个句式是描述所感。第三个是把值得赞美的总结成词。这三个步骤层层递进。以唇膏为例子，描述所见，即你看见了什么。比如，"我看到你今天的唇部颜色粉粉嫩嫩，特别清透"。第二句就是描述你的感受，"对吧？我觉得真像果冻一样嘟嘟的"。第三句把值得赞美的总结成词，可以说"这就是传说中的果冻唇吗？"为了便于理解，再举一个生活中常见的例子。当你回家发现孩子把他的书和玩具整理得非常整齐，地板上非常干净，你就可以先描述所见，说"我看到地板上没有玩具，书籍都在书柜里，玩具都在收纳盒里"。然后，可以描述你的感受，说"妈妈觉得非常开心，房间这么干净清爽，令人神清气爽"。接着，加一个总结，把这件事所体现的优秀品质描述出来："妈妈觉得你是一个爱干净、讲卫生、勤劳的小孩。"这种具体的赞美会让孩子对自己的行为产生一种成就感，下次就知道该如何做了。

②提问式赞美。朋友圈留言的方法都非常简单，提问式赞美的典型句型是"这件事物怎么样，是你做的吗"，然后再加上一个动词。比如，她发了一个非常诱人的红烧肉的图片，我们就可以给她留言："这么诱人的红烧肉，是你做的吗？"如果她出去旅游了，发了一个美景图，就可以

说:"这么美的风景照是你拍的吗?""这是哪里?"如果他发了一幅非常萌的画作,就可以说:"这么有趣的画,是你的宝宝画的吗?"如果她今天穿了一件非常时尚的衣服,拍了照片在朋友圈展示,就可以问:"这么时尚的衣服在哪儿买的?"每个人都希望被别人关注,这是人的天性,要灵活运用这种提问句式。

③请教式赞美。其实,请教式赞美和提问式赞美差不多,只不过多了一个请教的话。同样还是刚才的例子,"这么诱人的红烧肉你是怎么做的?求步骤"。这时候,对方可能就会非常开心地跟你说:"其实,非常简单。先把肉焯水,然后熬焦糖,放点料酒,放女儿红就更好了。"再如:"这么美的风景照,你是怎么拍出来的?求取景技巧。""这么有趣的画,你宝宝是怎么画出来的?求养娃秘籍。"我在朋友圈经常会展示一些读书心得,经常有人来留言,我都会热情地跟她说我看的是什么书。因为我觉得,既然她留言了,就是对我的一种关注,慢慢地,情感连接就多了,就熟络起来了。

3. 不要否认客户,不要和客户辩论

(1)否认客户会让他进入防御状态。客户对产品的功能、质量、服务、价格等提出否定和质疑,就会拒绝成交。一味地否认客户,只能让他进入防御状态,最好做出应对。常见异议主要有:"太贵了!""这是什么品牌,我都没听过。""都是你们说的,谁知道有没有效?""还是觉得吃排骨,食补安全!""做孕检,医生也没让我吃呀。""医生说……不能长期吃!"

面对客户异议,不要习惯性地直接解释,为了不让他们进入防御状

态，就要采取正确的应对方法：

①认同。在处理问题之前，要先舒缓一下客户的情绪，处理好他/她的心情问题。客户的异议一般都带有一定的负面情绪。客户否定你，你否定回去，彼此就会杠上，就会被激怒，进入吵架模式。如此，即使解释的内容再正确也是错的。记住：不管客户说什么，都先去理解和接纳，你可以不同意客户的观点，但可以认同客户的心情和感受，同时坚决不能说你说得不对。

②解释。认同了客户后，要给客户一个合理的解释，打消他们的疑虑和担心，对客户的购买决定施加影响，让事情朝着成交的方向推进。只认同不解释，客户就会认为你在忽悠他/她，所以得提供一个说得过去的理由。处理这类问题，要分两种情况：一种是客户误解，要做出合理的解释；另一种是如果客户说的是事实，产品确实存在某方面缺陷，就要弱化缺陷对产品的影响，放大产品的优势。

③转移。有时即使做了解释，客户也不会认同，无法达成共识，所以要学会转移话题，不要纠结于问题本身。问题只要存在，客户就不会购买。只有将话题转移到产品的优势或使用产品的好处上面，才能打动和影响客户。

（2）和客户辩论，赢了辩论输了单子。不辩论、不否定，这6个字说起来容易，但需要进行刻意的练习。比如，在零售沟通的过程中，会遇到客户的质疑，质疑产品是否真的像我们说的那么好，是否真的健康……听到质疑声的时候，内心立刻就会出现一个声音，一旦进入辩护状态，就会与客户形成一种敌对关系，就把对方放在了敌人的位置上。

敌人肯定有防御心理，不利于成交，所以不辩论、不否定，在零售的沟通过程中尤其重要。一味辩论，即使赢了，也是输家。

4. 时刻保持利他之心

"一切成交都源于爱"，我们要时刻保持利他之心，要奔着为客户解决某个问题，为他的生活锦上添花而去，不能为了推销而推销。

所谓利他之心就是，不把销售看成单纯的推销产品，要把它看成对客户的帮助，是为客户解决问题。只有具备这样的思维，才能帮助客户。

真诚地帮助客户，让客户处在最佳利益状态，让客户觉得贴心，才能解决客户的困扰，客户才会因为喜欢你而喜欢你的产品，才会把你当成朋友。这种"利他"的思维方式，可以让你和客户站到同一条阵线上，让客户觉得你可以帮他/她做决定，销售出产品自然就水到渠成了。

记住：不要为了成交而成交，一切成交都是源于爱。

二、沟通的逻辑

1. 挖掘客户需求

所有成交成功的背后都有原因，要么趋利，要么避害，也就是说，要么给客户增加快乐，要么给客户减少痛苦！

社交电商在与客户沟通过程中，过于浮躁地、快速地把产品推给客户，而疏忽了客户的真正需求，只能导致较低的成交率。怎样发掘客户的真实需求，直到成交呢？在与客户沟通的过程中要了解客户的真正需求，为客户提出最全面的解决方案。如果客户明确地提出需要的产品和服务，就要努力营造一个友好和谐的沟通环境，根据客户需求介绍产品或提供服务。那么，如何挖掘客户需求呢？有几种方法可以使用。

（1）状态式发问法。对于不相识的顾客，交易一般都很难成交，状态式发问有助于了解客户的需求，了解对方的状况与背景等基本情况。想要成交要先从问开始，就像医生问完你的基本情况后就告诉你："这是对症下的药，去付款吧。"状态式发问便是通过问及与客户一些需求相关的问题，找到客户的需求。比如，跟微商团队的人聊天，甲问："你做微商多久了？""你团队多少人？""你团队怎么样？"乙可能就会说："团队运营杂乱，人员流失率高。"然后，就可以找到他要办理的问题，使用三五句话发问，找到对方的问题。

（2）痛点式提问。简略说来便是经过提痛点问题，让客户意识到本身问题的严重性。销售就是要从痛点入手，要让客户看到痛点本身，包括过去的痛点和未来的痛点，没有痛点就要找出痛点。比如，使用"你之前也选择过其他产品，为什么没有接着使用呢？"就可以将价格贵、服务差、效果不好等原因挖出来。

（3）成交式提问。了解客户的状况，找到客户痛点，放大痛苦后，通过成交式提问，基本就能成交了。比如，"我能帮您解决以上所有问题，你愿意试一下吗？"后面，再通过专业知识导向你的产品和服务。成交是有逻辑的，将有价值的问题连接起来，就能构成一整套话术，提高成交率。

（4）暗示式提问。通过痛点式提问找到客户的痛点后，就要放大他的痛苦，让对方觉得不买是一种损失。通过暗示提问，客户才能了解到自己目前对产品的迫切需求，多问几次，客户就容易被打败了。

2. 价值塑造方法：SPIN+FABE 的融合运用

SPIN 销售法是尼尔·雷克汉姆（Neil Rackham）先生创立的。尼尔·雷克汉姆先生的 SPIN 销售法是在 IBM 和 Xerox 等公司的赞助下通过对众多高新技术营销高手的跟踪调查提炼获得的。

什么是 SPIN 呢？简单来说，就是从司空见惯的现状性问题，引到背景问题，再到可能引发的隐患问题，最后才提出解决方案。

什么是 FABE？F 是功能或者特点，A 是这个特点带来的优点，B 就是这个优点带来的好处，而 E 是证据。

简单来说，SPIN 法则就是从一个普通问题引到一个解决方案的思维过程，具体来说，S 就是司空见惯的现状性问题，就是我们能够很快看得到的表面的现状性问题。P 就是背景问题，I 是一个可能引发的隐患问题，N 则是解决方案。

总结下，要先去了解客户需求，也就是去分析一下客户有没有一个现状性的问题，进而分析可能的背景性问题，如果这个问题不解决，可能会引发一个隐藏性的更严重的问题，然后提出解决方案。提出了解决方案，要证明你的方案是有效的。介绍你的方案里包含的产品，有什么功能特点，这个功能特点有什么优势，这个优势能带给客户什么好处，最后你说的这些又有什么证据，这就是一个完整的价值阐述的过程。

最后为你总结下阐明产品价值的逻辑：

（1）你要认真学习自己经营的产品的相关专业知识，具有专业水准；

（2）你要了解你这个行业的发展现状，了解有没有竞品，竞品的优势和劣势在哪里；

（3）要结合客户的价值观来介绍产品，而不是一味自夸；

（4）要放大产品可能带来的快乐与痛苦，也就是快乐要足够满足，痛点要足够痛；

（5）给对方的好处和利益一定要清晰到位地表达出来；

（6）要有足够的证据让客户现在就做出成交的决定。

3. 全脑沟通法

人的大脑可以分为左半球大脑和右半球大脑，也就是常说的左脑和右脑，同时也可以分为上脑和下脑。众所周知的是左脑和右脑的特点不同，左脑负责理性，右脑负责感性。对于从事和销售事业相关的任何一个人来说，除了了解这个分工，还必须了解大脑的上脑和下脑的区别。下脑是原始动物脑，在娘胎里就已经发育成熟，它的主要构成是小脑和脑干等，它的工作模式有三种：战斗、逃跑和装死。下脑也是情绪产生的地方，对外界的危险信息非常敏感。上脑是人类高级思维功能所在的地方，它的工作模式是冷静、理智、逻辑、三思而后行。可是，它要等到25岁左右才能发育成熟，同时在工作过程中，还经常比下脑行动慢半拍，这个半拍是3—15秒，这也是很多人发完火就觉得后悔的原因。那么，在销售过程中，要如何进行全脑沟通促进成交呢？

要主动地和顾客的右脑进行情感联结。右脑是感性的，善于捕捉情感信息，在乎一种感觉，所以沟通的时候，要多塑造能够引起顾客情感发酵的场景，让顾客有感觉。比如，你销售一款能够美白的牙膏，你就要告诉顾客，这款产品能使他的牙齿洁白如陶瓷，在太阳底下闪闪发光，给人笑容格外美丽的那种感觉，而不要生硬地说可以美白2度。

当顾客有不同意见或者有情绪时，不去激怒其下脑。如果顾客有情绪，要先进行共情沟通，理解和接纳顾客的情绪，不要辩论不要否定不要攻击，因为这些都是在用下脑工作，同时会激起顾客的下脑反应——战斗、逃跑或者装死，一旦顾客进入战斗状态或者逃跑和装死状态，成交就难了。

沟通过程中一定要借助图片。运用SPIN、FABE两个沟通法则一定要配上图片，之所以要加上图片，是因为人都是视觉性动物，一定要用事实和带入感的场景让客户产生迫切想要成交的愿望！因为所有的成交都是客户主动成交的，客户不是被说服，而是自己说服自己！所以，要通过逻辑性强的表达方式，再加上能够证明你说的话的图片，去帮助客户尽快做决定。

4. 打消疑虑

引起兴趣打消疑虑，是实现销售成功的两大环节。如何对待顾客的疑虑呢？需要注意的有四点：

（1）认知。有反对意见的客户才是真客户，嫌货才是买货人。

客户有异议，说明客户在思考、判断，这是客户重视产品的表现。

俗话说得好，褒贬是买主，喝彩是闲人，嫌货才是买货人。因为在乎，才会动脑子，才会产生意见，越是产生激烈的异议，恰恰代表着客户越重视；反之，如果商品不在客户法眼之内，他们也就不会下力气去思考问题了，没问题自然也就谈不上解决。你回忆一下，那些完全没有购买意愿的人，可能就会说：很好很好，等我需要了跟你联系。然后，这种情况大部分就没有下文了。所以，不要怕客户有疑虑。

（2）应对方法。首先，不要进入辩论状态，而是要共情，要站在客户的角度来思考和说话。常用的句式可以是：是的，你说得有道理；是的，你的心情我理解的，如果是我，也会这么想的；是的，以前我和你现在想的是一样的，后来……是的，换作别人也会这么做的……先去承认和体会客户的感受，再去陈述事实和问题的本质。这和育儿"先处理心情再处理事情"的原则是完全一致的。

（3）几类常见的疑虑。第一是价格，这是永远的"矛盾"；第二是功能和效果；第三是售后服务；第四是竞品会不会更便宜又更好；第五是保证和保障。打消这些疑虑的方法，就是塑造产品的价值，以及增强信任立下承诺。

（4）从根源上解决疑虑问题。销售工作90%都是在解决信任问题，只有10%在做成交，所以要从根源上解决客户的疑虑，一定要在朋友圈持续地打造自己值得信赖和值得追随的形象。平时做足了基本功，成交就容易了。如果能够把常见问题的话术牢牢掌握，能够用自己的话语脱口而出，就更容易成交。要致富，背话术，是有道理的。

第五章
专业的售后服务

　　做社交电商，不仅要了解售后的重要性，更要掌握一定的售后方法。同时，社交电商的售后服务工作不能让客户来找你，要主动去找他们，为他们解答疑惑，为他们解决问题。

一、变被动为主动

在传统的商业中,售后都是被动的,比如,空调的厂家,只有在用户来电告知出现故障的时候,才会做售后服务,而社交电商的售后工作,是主动进行的,在成交那一刻就要开始了。当你的客户给你转账并发给你地址和电话的时候,就是第一次售后工作的起始时间。你要表示感谢和信任,要马上告知其具体的使用方法或者注意事项。

二、售后的重要性

对于社交电商来说,做好售后服务非常重要。它的重要体现在以下几个方面:

1. 体现专业性

对于社交电商来说,做好售后工作,更是其专业性的重要体现。

(1)通过跟客户沟通,能够快速了解客户的问题,特别是关键问题和痛点,且能把客户的问题痛点清楚地说出来。客户听完之后,如果觉得你说的正是他遇到的问题,就容易达成一致!同时,还能发现客户自己没有发现的问题,客户就会觉得你能力强,就会信服你。售后工作的一大工作重心就是,了解客户的各种痛点,主动解决客户的问题。

(2)对客户的问题进行专业分析。不仅要将客户的问题有针对性地说出来,还要针对他们的问题进行专业分析,让客户觉得有道理。只有客户觉得终于找到了问题的根源,才会觉得你很专业!

(3)为客户提供专业化建议。根据客户的需求痛点,给他们提供专业的建议,客户听完之后,就会对你及产品提高信心。

2. 提高客户满意度

主动售后的时候，主动告知一些需要注意的事项，可能会出现的一些情况，这样做以后假如客户使用过程中出现了什么状况，就不会惊慌失措，或者直接和我们"吵架"了。那么，如果客户使用过程中有不舒适体验，怎么办呢？

（1）如果客户有情绪，先处理其情绪再处理事情。不要和客户辩论，先去承认客户的感受，并表明你在认真倾听。

（2）用描述性语言复述并确认客户的问题，并有针对性地提出解答。

（3）提供给客户选择的解决方案。

简言之，只有好的售后服务，才能给客户留下好印象，才能与不同类型的客户建立良好的关系，甚至成为朋友，为接下来的销售增加实现成交的可能。

3. 帮客户养成良好的使用习惯

每种产品都有自己的使用方法，在销售过程中，即使给客户介绍一些使用方法和注意事项，大多数也不会太全面；而且，客户很可能当时记着，过后就忘了。如此，最直接的结果就是，在使用商品的过程中，客户会遇到各种问题，比如：眼贴要贴多久？足浴片水温多少度合适？有没有什么禁忌？这时候，售后就发挥了重要作用。而且，最好在成交的时候就发一个使用方法的笔记或者聊天记录合成图，或者一张使用说明图片。不要以为有纸质说明书就可以不发电子图片，事实上，现在人们拿起手机打开微信翻阅说明书，比寻找纸质说明书更快捷更习惯。经常地和客户进行情感联结，提醒其正确使用方法，就可以帮助客户养成良好的使用习惯。

4. 促进复购

很多人成交了之后就没有下文了,这往往就会导致客户的流失。所以,成交只是第一步,成交后一定要经常关注客户的朋友圈,让客户成为天使用户。客户坚持使用我们的产品,就会在一个周期内用完,只要我们做好服务和情感联结,客户认可了产品的功效,自然就很容易复购了。

5. 提高品牌的影响力

不做售后经常会出现一些反口碑客户,这种情况其实不是因为产品不好,而是使用方法不当导致的。这样对于我们打造品牌影响力不利,如果顾客买了我们的产品,我们不闻不问,也不知道出现了哪些情况,会极大影响顾客的心理体验。如果我们做好跟踪服务,售后服务到位的话,顾客还会为我们的品牌做宣传。

6. 转介绍

如果售后做得好,客户很可能就会转介绍。如此,远比直接追求客户使用效果要好很多。

二次销售的成本比新的销售成本低很多,根据营销学原理,开发一个新客户的成本是维持一个老客户成本的2—6倍,而赖克海德和萨瑟的理论甚至提出:每降低5%的客户流失率,利润则会增加25%—85%。

对于社交电商,也是同样的道理。促成转介绍是一种非常不错且有潜力的销售方式。

老客户的重要性就在于,可以持续产生购买行为,使商家保持社交电商的利润。那么，对于社交电商来说，如何挖掘老客户的二次需求，如何最大限度地挖掘老客户的价值？

世界上最强悍的销售员，能将所有的产品都卖给同一个人，主要就在于，其最大限度地挖掘出了客户的最大价值。如果你销售的是大件商品，客户购买之后要用上几年，转介绍就比较有挑战性了。这时候，就可以从售后入手，促成转介绍。特别是对比一些潜力巨大的老客户，更是要下猛药，让他们树立样板，做优秀客户的表率。

7. 转化代理

在社交电商中，有一种现象叫"消费即代理"，意思是说购买产品的客户可能会成为产品代理商。移动互联网时代是一个全民创业的时代，而社交电商模式就是一个全民创业的模式，既可全职，也能兼职做。所以，客户成为代理商是一件很正常的事情。

只要满足了客户转代理的前提条件，一切皆有可能。这两个前提就是：第一，客户对产品满意；第二，客户对服务满意。当客户对产品满意，对服务不满意的时候，即使客户想做社交电商，也不会选择成为你的合伙人，代理同款产品的社交电商很多，选择余地很大。再者，如你能将售后服务做得非常好，自然就会对你心生满意。

当客户对服务满意、对产品不满意的时候，即使客户想做社交电商，也会选择转去代理其他产品。任何客户都不会去代理让自己不满意的产品，即使售后服务再好也没用，因为社交电商销售的是产品，服务只是附加值。再者，连产品都选不好，如何能成为客户心中满意的上家？所以，只有让客户对产品和服务都满意，才可能将客户转化为代理。

当然，如果客户本来就意愿做社交电商，可能性就更大了。在沟通中，如果发现客户对社交电商感兴趣，就要努力培养客户的社交电商创业观，让客户对社交电商行业有一定的了解。对社交电商存在偏见，客户就不会以正确的心态去接触社交电商。因此，在售后的互动过程中，要多和客户聊一聊关于社交电商的事情。

客户对社交电商有了一定的了解后，可以先让客户接触社交电商营销的最初阶段的工作，即转介绍。当客户转介绍有了一定业绩后，可以让他们试着邀请客户成为代理商，加入社交电商团队。在这个过程中，可以邀请其他客户来参加团队的公开课或者团队培训课程，让客户提前了解社交电商的营销技巧，同时感受一下团队氛围。

当然，并不是所有的客户都愿意成为你的代理商。如果客户对社交电商不感兴趣，或不愿意成为代理商，要立刻停止转化，不必过于强求。同时，还要一如既往地做好客户服务工作，不能因为转化不成功而对老客户产生负面情绪，否则最终损失的还是自己。

三、售后的方法

售后，从成交的那一刻就开始了。如何为客户提供售后服务呢？有些方法也是需要掌握的。

1. 关于称呼

当我们跟顾客沟通时更愿意直接叫其名字或者微信名，比如"小平姐您好"，这样子给人感觉更加亲切。每个人都有自己的名字和特定的称呼，特别是对于很久没有见面的朋友，当他/她的名字被别人记起来的时候会感到特别开心。

2. 当客人打款过来，不要马上收取

如果顾客前一秒钟打款，你后一秒钟就点开收款，会让顾客觉得你很心急，不够矜持，似乎有些见钱眼开。虽然是小细节，但是细节里彰显格调，最好是发货后再把单号发给顾客，再点收款。

3. 感谢信任

这点很重要，当客人打款过来的时候，我们一定要记得发"感谢信任"这几个字。无论别人在不在意，我们的礼貌和感恩是必要的。如果你紧接着发一个感谢红包会更好，红包金额不在乎多少，有心就好。同时也要提醒大家，并不是与每一个咨询的顾客都会成交的，如果没有成交，也要感谢对方关注我们，可以这样说，不管这一次是否成交，我们都是微信好友，都可以交流，这款产品我也是自己用得好，真心跟大家分享，等你有需要欢迎随时找我。这样给对方有个好的心理体验，以后有需要的时候还会回来找我们的。这也是我们个人修养的体现。

4. 成交后及时备注客户信息

成交后及时修改客户昵称，做好备注信息，打好标签。同时，最好做一个客户档案登记。如下表所示。

客户档案登记	购买时间	
	基本信息资料	
售后客户信息登记表	客户姓名	
	性别	
	电话号码/微信	
	工作单位/地址	
	购买途径	
	购买数量	
	使用反馈	
	是否有代理意向	
	三天回访	
	一周回访	
	一月回访	

5. 产品包装

发货时注意做好包装工作，可以定制胶带和包装箱等，顾客收到快递的第一印象非常重要，无论是外包装还是内包装，都要用心做，并且要注重美观和做到不易损坏。

6. 回访顾客

不定期跟顾客联络感情，聊家常，找共同话题，节假日发信息或者红包问候他们。去顾客朋友圈做走心的评论，多找到赞美顾客的地方，不要让对方觉得除了产品，其他就没什么好聊的了，回访的目的是要寻找将顾客转化为合伙人的机会。

售后回访的参考时间点：

第一次回访：顾客取得产品24小时内；

第二次回访：顾客取得产品三天后；

第三次回访：顾客用产品一周后；

第四次回访：预计产品接近用完时。

回访参考流程：

（1）先闲聊，再接着做回访。

（2）引导对方给产品进行评价，可以设置几个简单的只要回答是或不是的问题。

（3）埋种子："用得好的话记得分享给自己的朋友们一起用哦，用得好的话你也可以一起做代理呀，自己用省很多，还可以分享，多份额外收入蛮不错的。"说些诸如此类的话。我们一定要明白一个道理：我们不是只去引导客户用产品，我们要引导客户认识到这个产品可以赚钱。然后引导客户了解这个产品可以如何赚钱，针对她的身份，发一些相似背景的案例，给她讲平台里跟她背景差不多的经销商的故事。

我们引导别人一起来经营，一定要学会赞美对方。别人刚开始不能下决心来做，要么就是没兴趣，要么就是觉得产品卖不出去，要么就是觉得自己能力不行。觉得卖不出去，觉得自己能力不行，我们要学会肯定对方：亲爱的，你是一个那么智慧的人，在跟你聊天的过程中我就能感觉到你的能量，你如果来做这件事情，会做得比我更好。然后学会举案例，学会描述，让他看到未来。开口比不开口多一次机会；不开口，永远没机会。人脉用得上才叫人脉。

和传统的商业模式不同的是，我们的售后是主动做的，而不是被动的，比如传统的家电，如果不是出现了故障和问题，客户是不会和厂家联系的，厂家也不会主动来做售后服务。而我们的事业，是基于社交的信任经济，是合伙人机制，是大家一起赚钱，所以要主动售后，并且在售后的过程中发现合伙人，然后培养合伙人，最终组建团队，让业绩翻番。

第六章
心态定江山

好心态，才能带来较高的销售量！要想打造优秀的社交电商团队，首先就要保持好的心态。

一、做好社交电商，心态比方法重要

有句话说，心态定江山，我深以为然。且不说社交电商，大家想想自己小时候上学，有没有因为心态问题考试失利过？想想工作中，有没有因为心态问题，导致机会从身边溜走过？你以什么心态对待事业，会决定事业发展的过程和结局。心态定江山，虽然只有五个字，却蕴含无尽哲理。面对生活的挫折和坎坷，不同的心态会有不同的应对方法，面对别人的指责和发难，不同的心态会导致不同的处理之道。成也心态，败也心态。心态比方法重要，每一个社交电商人都要深刻理解这一点。

有很多人从事一段时间社交电商工作之后就做不下去了，大概率的原因都是心态问题。连续一阵子没有出单，就沉不住气了，觉得没有前途了；有人质疑是不是传销，就玻璃心了；熟人没有给你及时反馈，就各种猜测觉得面子挂不住了；售后服务工作中客户对效果不满意，就觉得太难了……最后只能放弃了。困难，总有解决的方法，而一旦心态不稳定，内心不坚定，甚至做出了放弃的决定，要重振旗鼓，就非常的艰难了。因此，在走上社交电商之路前，一定要好好建设自己的心态，对未来可能遇见的困难和挫折，心里有个准备。同时，建设好心态，调试到最适合的频率，才能助力自己最终走向成功。"微商公社"的易鸣老师说，试试看，只能喝稀饭；尽力而为，只能不赚不赔；全力以赴，才能大贵大富；奋不顾身，定能梦想成真。好心态的核心，就是要笃信一切困难可以克服，只要积极、乐观、坚持，就一定能做出成绩。要笃信未来，把对的时间运用到对的空间，和对的人一起干一件对的事儿，自然就能得到对的结果，而不是把注意力放在错误的事情上，将自己的事业葬送在别人的嘴巴上，最后自己浪费了时间，懊悔不已。

二、几种心态建设

1. 空杯心态

什么是"空杯心态"?有这样一个故事:

一个对佛学颇有研究的年轻人,听说某寺庙内住着一位德高望重的老禅师,长途跋涉去拜访。禅师的徒弟接待了他,年轻人摆出一副趾高气扬的姿态,心想:我的佛学造诣很深,你哪有资格接待我?

老禅师很快出现,恭敬地接待了他,并为他沏茶。可是,倒水时,原本杯子已经满了,老禅师依然在不停地倒。

年轻人不明白了,问:"大师,为什么杯子已经满了,您还要往里倒?"大师说:"是啊,既然已满了,为何还倒呢?"

禅师的意思是,既然你已经很有学问了,为何还要到我这里求教?

这就是"空杯心态"的由来,告诫我们,不能骄傲自满。

将自己的缓存清理掉,适时地把自己归零,才能不断追求卓越,取得更大的成绩;故步自封、自以为是,无法取得进步。在成功之前,人们都是平庸的,故步自封,会让我们一直平庸下去。心中怀有梦想,就要勇往直前,其他人都无法知道你的梦想能否实现,因为你才是自己梦想的主人。

初出茅庐的人，看到自己取得了一点儿成绩，就觉得已经攀上了高峰，生怕别人不知道自己的名号；而众多行业大咖，经过数十年的辛勤耕耘，创造了无数佳绩，却隐姓埋名。一知半解的人，总觉得自己无所不知；而大彻大悟的人却认为自己一无所知，这就是差距。空杯心态，才是求知的最高境界！

在社交电商行业中，身边的朋友、亲人、同事中，包括我们的代理，团队里有很多比自己更厉害、更有智慧、更优秀的人。既然大家选择同一个平台创业，就要精诚合作、实现共赢。同样，只有放空心态，才能拥有更多。

不管你在其他行业里做得多好、表现有多优秀，从事社交电商，都要以空杯的心态去对待。只有谦卑好学，保持空杯心态，才能学到更多，才能获得更多的老师、伙伴的帮助。在我们团队中，很多人的条件都很优越，非常优秀，还有各行各业的老板、经营者以及领头人物来到这个行业里、新领域里，同样谦卑地来跟我们学习。态度谦卑，自然就能学到更多的行业知识。

2. 学习心态

学习的心态，任何时候都不可或缺。人生就像漂在河中的小舟，不努力划桨，只能随波逐流。想要在社交电商做出一份成绩，除了空杯心态，还要具备主动学习的心态。

那么，社交电商究竟要学什么？当然是与你所做的产品有关的专业知识，举个例子，如果你是做护肤品的，就必须学习护肤领域的专业知识，只要有客户提问，你就要能做出专业回答。如此不仅有利于构建买卖双方的信任，还有利于人生价值观的形成。

用专业知识给客户做专业分析，他才会感到惊讶，才能觉得你很专业，才能提高对你的信任度，继而提高成交率。而要想做到这一点却并非易事，需要不断学习、更新自己的知识体系和做事方式。

工作中，社交电商的很多小伙伴私信我诉苦："我辛辛苦苦地经营自己的社交电商事业，可是却无法找到代理。"我想问的是，你口口声声说自己很辛苦，到底有多辛苦？你的辛苦真的有价值吗，方向对吗？找不到代理，你第一时间想到的是埋怨，而不是反思自己！

只有跳出问题本身看问题，才能将问题解决掉。比如，找不到代理，不一定是别人的问题，很可能是因为你不优秀，意向代理不愿意跟随你！既然如此，就要不断学习，让自己变得足够优秀，让意向代理主动找上门。

学习和不学习，肯定是有区别的！进入一个新领域，接触的东西肯定跟过去不一样，就需要重新学习，比如，每个公司的流程基本上都差不多，但进入新公司或岗位调动，都需要重新学习。因为每个公司的产品不一样，运营模式不一样，操作流程也不一样；公司的文化背景，公司的注意事项，都不一样，也都需要我们去学习去熟悉。即使是生产线员工的加入，也要先接受专业知识培训和安全培训。只有经过培训，才能上岗。

不要以为社交电商人人来了就能做，只是发发圈而已，没有必要去学习，其实不然！要想做好社交电商，就要以最快的方法成为大咖，成为两个专家：一个是产品专家，另一个是社交电商的专家。社交电商行业是一个新兴行业，更需要努力学习。

微营销时代，学习不只是停留在书本上面的，更应该进行学习实战，要多关注做得比较成功的社交电商人，观察他们是怎么做微营销的，把学到的东西运用到你自己的营销上。

3. 价值心态

赚取合理的利润，是商业的本质！从事社交电商，本质上就是在经商，那么就要遵循商业的游戏规则。你想想，你投入了很多的时间和精力，学习了专业的知识，把顾客需要的产品推荐给他，要么帮他解决了生活中的某个问题，要么给他锦上添花，提高了生活的质量，你的时间是有价值的，你的服务是有价值的，你得到的利润是价值的反馈和体现，这就是价值心态。

一些宝妈做社交电商很大的障碍就是觉得赚钱很不好意思，尤其是不能赚熟人的钱，仿佛赚了熟人的钱自己就很罪恶。这就是没有正确的价值心态，你的生命由时间组成，你投入时间为他人提供了服务，就是你的价值。从心理学角度看，这也是自我不够强大的一种表现。明确自我，承认自我价值，摆正价值心态，是所有宝妈走上社交电商之路后必须做到的。赚取合理的利润，是商业的本质。

4. 分享心态

要想做好社交电商，就要静下心来，努力沉淀自己，充实自己的大脑，然后跟他人分享你的经验、你的收获、你的心得，在分享的过程中进一步吸收和消化。越分享越进步，最适用于社交电商人，尤其是新人，最好一边学习一边分享学习感悟，以教为学是最有效的学习，也就是输出倒逼输入。

除此之外，出单了就到团队来分享成交的喜悦，分享成交的经验；能够讲课了，就分享课程，为新人赋能；平时团队有人咨询问题，就随时来解答，分享你的经验。分享不是一种失去，恰恰是一种获得。在分享的过程中，梳理了自己的思路，又收获了赞美和感谢，爱和能量就会流动起来，你自己就会更加优秀起来。可以说，分享是让自己优秀的捷径。在社交电商领域，能抓住一切机会来分享的，必定都是大咖。

还有非常重要的一个分享心态，就是分享自己。在互联网世界里，要懂得跟他人分享你自己，告诉别人你是一个怎样的人、你是谁、你会做什么、你擅长做什么、你能给别人带来什么价值……只有给别人带来价值，别人才愿意跟你，才愿意帮你。通过分享自我价值，得到了粉丝的认可，产品还会卖不出去？

分享即营销，营销即分享。学会分享是社交电商的必经之路！

5. 弹簧心态

很多刚进入社交电商行业的伙伴会发现，当你开始刷起朋友圈的那一刻，身边就会逐渐多出很多异样的目光来，包括亲朋好友。

相信很多社交电商伙伴都有过这样的经历：做社交电商前几天，朋友同学家人都会纷纷私聊、评论你：你的微信中毒了吗？你怎么跑去干起社交电商了？听说很多社交电商是传销啊……其实，大家并没有恶意，只是好奇你怎么突然做社交电商，会不会是被骗了。

有句话说得好：你做一件事的时候，人们往往只看到你在做什么，不会主动去想"你为什么要做"。同理，很多人只看到你在做社交电商，却不知道你为什么要做。如此，误解就随之而来。

人们对社交电商的误解，其实可以理解。社交电商这个行业自诞生以来，就一直饱受质疑。因为过去有许多人利用社交电商行骗，把这个行业给抹黑了。所以，要想做成功的社交电商人，首先就要具备一定的抗压心态。

过去，一位团队伙伴给我留言，她说："刚做社交电商的时候，我是满怀期待的，甚至每天都能投入80%的精力进去，但不到一周左右的时间，所有热情就都消失了。"原本以为她是因为经营方法不正确，后来才明白，是因为家里不支持她，很多朋友都劝她不要做，不然就拉黑她朋友圈。这使她觉得无地自容，她觉得自己似乎做了一件很丢人的事。

承受不了外界的质疑，抵抗不住舆论的压力，就不要轻易开始。一旦做出了选择，就要不顾一切坚持下去，不能畏首畏尾、不能放弃。

6. 老板心态

要想做个优秀的社交电商人，就要将自己定位为老板，或者将自己定位成团队老大。因为只有这样，才能像团队老大一样，像老板一样，去用心经营你的社交电商事业。

我们今天做的事业，不是给别人打工，而是给自己创业。把自己定位成老板，定位成老大，你的方向就会完全不同。所以，自己要做大做强，就要具备老板的心态。

把社交电商当作事业去经营，把自己想象成老板，把公司的命运和自身的命运联系在一起，拥有老板的心态、眼光，你就是老板。因此，一定要调整好自己的心态，给自己做好定位，抱着做老板的心态来做社交电商，未来收获的就是老板的事业。

多少个深夜，很多人在休息，团队长却依然在为伙伴赋能，激情满满地谈着未来努力的方向；多少个夜晚，别人都已经熟睡，而你还在做商品打包工作……员工可能6点钟就下班了，让他加班到8点钟，他可能还会想今天有没有加班费啊。如果有，可能还好，虽然有点抱怨还能坚持；如果没有，他可能就会带着沉闷的心情从事工作。

做社交电商，自己就是老板，心甘情愿给自己加班。别说工作到12点，如果有效率、有激情，甚至可以一夜都不睡。这就是老板的心态，这里当然不提倡熬夜。

很多人说，做社交电商，只有做到一定的级别，才能赚到钱。其实，多半原因还是他坐在了老板的位置，把自己当成了老板。做一个产品，做最小级别、投资一两包产品时，你只是一个体验的顾客，很难成为一个老板。

压力产生动力，屁股指挥脑袋，处在这个位置上，就会主动地思考，就会把自己内心调整出这样的心态。

三、用发展的眼光看待事业和人生

用发展的眼光看问题，我认为这是每一个宝妈的必修课。在风靡世界的脑科学育儿书籍《全脑教养法》中，作者开篇就提出了将生存时刻转化为发展时刻的观点。当亲子冲突产生的时候，不要把它看作是一个悲剧的事件，而是要用发展的眼光从冲突中看到帮助孩子成长的机会。

这种发展的眼光，同样要运用在社交电商事业上。

首先，从女性群体的社会地位变化方面来看，宝妈要知道，女人的时代来临了，绽放的机遇到来了。

蔡康永曾经在一档节目中说，我非常喜欢这个时代，非常感谢这个时代，这是一个可以任人追求自我价值、实现自我目标的时代，这是一个即使你侧坐在马背上依然可以获封"骑士"的年代……

何为"侧坐马背也可以获封骑士"？贵族骑马的时候，女士只能侧骑，不能像男士一样跨骑。这句话的意思就是，即使你是一位女士，也可以获得骑士勋章！这是一种对于女性的褒奖，是一种对于女性力量的认同。

对于女性来说，这是一个非常好的时代。时光倒推 30 年、40 年，女性朋友很少会聚在一起共同探讨怎么做出成绩、怎样实现自我价值、怎样创造更多的价值。可是到了今天，女性的这种聚会、共商大事的生活场景比比皆是。我们之所以能拥有当下的条件，一是因为社会的进步、时代的发展；二是因为信息的对等，我们能接收到更多的信息；三是因为工具的进化，现在人人都在谈 AI、大数据……甚至现在的管理大师也说，随着 AI 的发展，未来女性比男性拥有更多的优势，比如更善于情感的联结、更柔韧、更能洞察人性的弱点等。

社交电商的基本属性是社交，这又恰恰是女性的优势所在，用发展的眼光来看，即使这个商业形态中依然存在很多的困难和问题，也无法掩盖它最有利于大众女性成长的事实。在我的团队里，大家耳熟能详的几句话是：不学习就想赚大钱，那是耍流氓；有钱赚时努力赚钱，没钱赚时认真学习。这就是用发展的眼光看待事业和人生。

第七章
如何从一个人到千军万马

　　为了成为优秀的社交电商人,就要打造一支优秀的团队。因为只有团队壮大了,才能实现更大的价值。

一、为新人引路

在社交电商团队里,习惯把直属上级称为领路人。领路人,就是带着新人前进的人,有人带领,就不会迷失方向,在三岔路口就不会走错路,走偏了也有人帮你调整回来。一个团队长,必须具备为新人指引前进道路的能力,带领新人快速入门,并一路陪伴,直到新人也具备成为团队长的能力。新人应该做些什么呢?

1. 快速入门

做社交电商想快速入门,主要途径就是掌握最少的必要知识。一般来说,最少的必要知识的掌握在新人培训中完成,包括:理解真正的社交电商,树立正确的新人心态,学习必要的微信技巧和必备的 App 技巧,了解最基本的品牌和产品知识,学会打造朋友圈的基础知识和发圈方法,熟悉售后的基本流程,熟练掌握零售的沟通法则。这些课程不仅要听懂,还要做笔记消化,并且能用自己的话复述出来。从听、记到说给别人听,是知识内化的过程,也是自己查漏补缺的过程。建议所有新人带着教的目的来学习,会学习得更快。

2. 实践 + 实践

社交电商是实践的艺术,一切结果都在行动中产生,所有的成绩都是干出来的。掌握了必要的知识之后,就要付诸行动,去实践每一个必要环节的工作,比如,发好每一条朋友圈;实践常用的微信技巧和 App 技巧;列好好友名单做好情感联结工作;准备好零售过程中需要的素材;等等。归纳一下,新人学习了新人基础课后,要马上去实践的内容:

(1)每天发朋友圈 6—8 条,必须要发的朋友圈内容类型有产品圈、生活圈、团队圈和成长圈。

(2)每天坚持学习,学习是终身的,何况社交电商是一份发展日新月异的事业。

(3)每天联结圈中好友,可以通过点赞和走心的评论让好友关注你。社交电商是打造信任经济,和好友维护好关系,不仅要混脸熟,还要培养情感和信赖感,这样才有助于成交和招募合伙人。

(4)每天坚持在群里冒泡,融入团队,有问题就及时请教,不边缘化自己。

(5)每天去主动添加好友,不断扩大自己的粉丝量。

(6)每天去关心自己的伙伴,陪伴式成长。

(7)每天复盘一日的收获,总结不足之处,并做出第二天的计划。

总之,真正的学习不是听课加上记笔记就够了,更重要的是模仿加行动,只有行动起来,才能真正进入这个行业。需要提醒的是,这个阶段要允许自己很笨拙,允许自己做不好,允许自己在犯错中成长。不犯错,就不会有真正的快速进步。

3. 专注精进

只要专注精进，就能够尽快度过笨拙期，当我们专注的时候，时光就会飞逝。不行动，一切都是零。只有在行动中一次一次地改进，才能度过笨拙期，才能从小白变成大咖。成为大咖的道路上，一定是一次次地总结，一次次地复盘，一次次地抽丝剥茧寻找问题。每一次都比上一次进步一点点，每一次都修正一个 bug，即使自己做不到最好，也坚持去做去执行。所谓执行力就是明知道自己做不好，还一直坚持去做；只有一直去做，才能不断改进。

新人的成长之路就是：快速入门，快速行动，专注精进。

二、团队文化

团队文化建设有三大基石：使命、愿景、价值观。

什么是使命？就是你的团队为什么而建立的？是为了什么而存在的？也可以理解为，你拼了命也要去完成的事，就是使命。阿里巴巴的使命是，让天下没有难做的生意；我的团队使命是，带着宝妈一边带孩子一边创业赚钱。

缺少使命感的团队，是缺少动力的，他们很容易放弃。而如果团队的使命只是赚钱，缺少精神层面的信仰，没有利他思维，不愿意贡献价值，团队也会没有动力，能源很快会枯竭。

愿景是什么呢？就是团队要变成什么样子，要到达什么地方，团队的伙伴要达到什么样的状态。阿里巴巴的愿景是，做101年的公司；我的团队愿景是，用知识装满宝妈的脑袋，用金钱装满宝妈的口袋。愿景就是前方的灯塔，就是努力的方向。愿景要刻在团队成员的脑子里。

价值观，就是在实现团队愿景的过程中，什么才是最重要的。阿里巴巴的价值观是六脉神剑，我团队的价值观是：家庭第一，事业第二。因为在我的团队中，大部分都是宝妈，宝妈是一个家庭的大后方支持者，宝妈是孩子10岁以前的生命线，事业固然很重要，但如果为了事业影响了家庭耽误了孩子，就背离了一手带娃一手创业的初衷了。所以，在实现美好愿景的过程中，要遵循家庭第一，事业第二，正确的排序才能让家庭事业双丰收。

当下，其实太多的团队是没有文化建设的，甚至有人觉得这是一个虚拟团队，不需要文化建设。这是大错特错的。话说，有人的地方就有江湖，有江湖就要有江湖的规矩。即使是虚拟团队，也是由很多活生生的人组成，大家来自于不同的家庭，有不同的成长背景和教育背景，因为一个共同的事业聚在一起，必须在物质共同体之外，建立精神共同体。这个精神共同体就是团队的文化。

当然，团队文化除了使命、愿景和价值观，还要有LOGO，有行为准则。团队有团队的名称，为团队设计一个LOGO，也是必不可少的。现在的LOGO设计更趋向于文字设计，但文字和图形都是可以的。LOGO最好有辨识度，易于传播和记忆。团队设计一个LOGO的好处，最直接的就是在发圈的时候，可以在图片上打上LOGO水印，这对于提高团队凝聚力也是有直接的促进作用的。

行为准则是价值观的具体落实措施，也是团队的行为规范。在我的团队中，有十二条行为准则：

（1）请记住，你认真做事业的样子，是孩子的榜样。

（2）你进入的是一个高能的宝妈社交圈，请积极融入。

（3）在你想要放弃的时候，请提醒自己，别的孩子的妈妈依然很努力。

（4）以解决问题为导向，形成解决问题的思维，这不仅有利于你的事业，也有利于你的孩子的成长。

（5）你学习的深度是孩子早期人生的宽度，不要固守旧知识，和太阳的运行一起更新认知。

（6）社交电商生存的价值只有一条——为合伙人创造价值，为客户创造利益。

（7）身段像水一样柔软，心态像磐石一样坚定。

（8）被拒绝时保持优质弹簧的气质，分分秒秒复位。

（9）优秀社交电商人的标准：带着爱和使命做社交电商。

（10）先完成再完美，允许自己前期表现比较笨拙。

（11）真诚赞美他人，持续利他，沟通牢记以客户为中心。

（12）入世做人，入世做事，高调做事，高调做人（积极自我营销）。

建议所有的社交团队都重视团队文化的打造，以吸引更多的同频且优秀的人加入。没有团队文化的团队，是干涩的，是缺少润滑度的。

三、人才梯队培养

社交电商虽然是虚拟的团队,一般都在线上运营,但是和传统企业一样,也需要有一套完整的人才培养体系。如果任凭经销商野蛮发展,是很难发展起来的。人才的培养,可以分为招人、育人、用人和留人四个环节。

1. 招人

社交电商招人就是招商,就是寻找志同道合的创业伙伴。招商的时候,你要思考你要招的人是谁,你对谁具有影响力,人家为什么要来和你一起创业,怎么能够吸引人家和你一起干。现在,招人的渠道无非就是两种,一种是线上,尤其是微信;另一种就是线下,影响和利用身边的人。线上的人有强关系联结的人,也有弱关系联结的人,想要吸引他们加入,打造好朋友圈是关键,要在朋友圈塑造你值得追随的形象,让他们看到信心,愿意和你一起干。除了借助朋友圈影响之外,也可以列好名单,进行一对一的沟通,通过商机的介绍让他们加入你的团队。通过社群招商也是一个很好的途径,当然,要进行社群营销集体招商工作,需要周密的策划和安排。

无论是选择哪种方式，你都需要有人脉有粉丝，如果没有粉丝，就要用各种方式去引流，去加粉，并且最后不论从哪里引流，都最好沉淀在自己的个人微信号里，然后通过微信的沟通、互动进行转化和裂变。

2. 育人

对于招来的新人，一定要有一整套的培训课程，有从初级入门到团队长能力提升的课程内容，分阶段培训。对不同类型的人要有不同的培训内容：

（1）新人的培训。

新人的培训要点为：

了解社交电商的概貌。既然要从事社交电商，就要让他们了解该行业的发展现状以及概貌，提高他们对社交电商的认识水平。

熟悉产品和品牌。要想将产品销售出去，就要让新人了解产品和品牌，因此要将必要的产品和品牌知识教授给新人。

学习微信技巧和常用的美图 APP 的使用方法。做社交电商，离不开微信的使用，更要掌握美图的技巧。因此，这些也就成了必学的内容。

朋友圈打造的方法。朋友圈的打造不能肆意而为，需要掌握一定的方法，比如：了解正确的发布时间，积极跟用户互动，提高用户转化率等。

售后的方法。售后，也是提高销售效果的重要环节。因此，要将正确的售后方法、流程和售后的重要性讲给新人。让他们了解好的售后是复购的催化剂。

零售沟通的方法。与用户沟通，需要掌握正确的方法，既不能肆意而为，也不能中规中矩。

（2）坚持下来的老人的培训。

老人的培训要点分为以下几个方面：

①目标规划。要想将老人留下来，就要做好目标规划，让他们看到希望。为了让他们对工作更加富有激情，就要很好地为他们进行职业规划。如此，不仅能让员工对自己的未来做好计划，还能让他们更加踊跃积极地投入到工作之中，在工作中实现自己的人生价值。

②培养讲师。要让他们成为讲师，讲是最好的学习，让他们同时学会讲给别人听，也是带团队的重要能力。如果不能将自己的知识和技能复制下去，团队也不能滚动前进。

③学会评圈。评圈是手把手带新人的重要方式，通过点评新人朋友圈，让新人知道哪些是做得好的，要继续发挥；哪些是不符合社交思路的，要改正。要让新人懂得朋友圈怎样排版是美观的，是有利于读者阅读的。

学习带新人入门。要让老人扮演好自己的讲师角色，带领新人入门，逐步走入正轨。

④成为团队长。成为团队长，不仅要学会带新人，还要教会别人怎么带新人，还要能够规划整个团队的发展，用团队文化提升团队凝聚力，运营一个具有强战斗力的团队。

人才的培养可以遵循十六字方针：我说你听，我做你看，你说我听，你做我看。把这个十六字方针贯彻到团队的培训体系中，制定好培训体系课程。

我说你听：通过系列课程让团队伙伴掌握理论知识。

我做你看：通过案例教学、评圈、时时指导等，让伙伴在实战中掌握技能。

你说我听：让每一个伙伴都努力成为讲师，说给你听，让输出倒逼输入，通过讲课对知识查漏补缺。

你做我看：把实际操作中遇见的困难反馈过来进行讨论，在一个个鲜活的真实的案例中检验寻找不足之处，研究哪里需要改进，哪个环节出了问题。还可以建立三人小群（团队长，新团队长，新人），通过在群里现场观察新团队长的实操流程，进行点评和指导。

3. 用人

（1）将团队进行公司化运营。虽然我们只是做社交电商，但也要进行公司化运作，因为只有规范了运作体系，做事才能有章法，才能提高工作效率，提高销售业绩。

（2）提高团队协作能力。取得优秀的成绩离不开团队的协作，大家各顾各，早晚都会分崩离析。比如，可以合作举办训练营。鼓励成员加入训练营，大家分工合作，一起来完成任务。如此，不仅能提高团队协作能力，还能让成员相处更融洽。

（3）纯粹的理论学习是不够的，要让每一个团队伙伴有所承担，承担得越多，成长得越快。在一个个任务中，一次次挑战中，才能真正地快速成长起来。

4. 留人

（1）为钱而来。选择社交电商创业是为了赚钱，这是最直接的动力和目标。要为团队伙伴制定成长的路线，定好目标和规划，让大家赚到钱。

（2）因爱留下。一个有凝聚力的组织，一个大家不愿意离开的团队，一定是充满爱的。在团队里，大家能彼此赋能，相互鼓励，携手成长。最终大家因为彼此的爱，而凝聚在一起，而不愿意离开。

（3）除了物质共同体，更要有精神共同体。团队要久远发展，钱是物质基础，团队文化是精神支柱，要通过团队文化的打造，让大家有价值感，有归属感，有依靠感。因此，不仅要打造物质共同体，更要打造精神共同体。

第八章
短视频营销是新趋势

2019年最热的就是网红带货,是短视频营销。短视频占据了人们很多时间,人们注意力在哪里,市场就在哪里。宝妈要与时俱进,改变原本的图片思维,增加视频思维。短视频对于展示产品的特性有着优越性,所以,我认为宝妈都应来学习短视频制作和营销。

一、中国短视频营销行业未来的发展趋势

未来,短视频营销行业可能会呈现下面几大发展趋势:

1. 短视频与电商实现"联姻"

随着行业乱象的治理和规范,短视频与电商联系将日趋紧密。未来,随着 KOL(Keyinion Leader,关键意见领袖)管理的规范和集中,短视频产出的内容质量必然会显著提高,短视频用户消费场景的结合使用也将被显著优化,"短视频达人"也将持续在短视频与电商的"联姻"中发挥关键作用。

2. 5G 变革来临,短视频蝴蝶式成长

5G 的商用落地有效降低了创作者进入的门槛,短视频用户体验也得到进一步改善提升。借助 5G 的加持,用户短视频的互动体验将日趋丰富,传播度也会大大提升,短视频行业会得到大幅发展,短视频将迎来"又一春"。

3. 新短视频形式 vlog 势不可当

5G 时代的到来,解决了视频社交方面现存最大的流量问题,而社交成为视频时代最具基础性的价值。vlog 是从 vlogger 的视角展现的世界,

社交潜能无限量，可以构建起以用户为中心的社区网络，推动社交和互动，促进短视频社交市场的繁荣。

4. 全民带货时代即将到来

随着技术的进一步落地，用户制作短视频的门槛将进一步降低，UGC 内容影响力也将持续提升。同时，随着"短视频＋电商"的广泛应用，"素人"用户凭借着基数大、本地化程度高等优势，可以开启短视频全民带货时代。"素人"用户只要不断满足用户的多样化需求，就能拉动流量的有效增长。

5. "短视频＋"普及，无边界营销来临

当前，短视频与美食、短视频与旅游等内容的结合应用已逐渐渗透用户群。未来，短视频或将带来移动变革的持续进行。随着产业链上下游对垂直领域的关注，用户和 MCN（Multi-Channel Network，一种新的网红经济运作模式）内容创作的垂直化与短视频的无边界营销的相互促进，更多"短视频＋"将会得到普及。

6. 数据驱动短视频投放增长

短视频投放交易平台融合自身的数据和技术优势，能够为品牌社交舆情和行业投放数据方面工作做前期决策，通过自媒体受众数据、效果数据、虚假数据等来精选合适的自媒体；通过内容的识别和智能分析为自媒体内容智造增加助力，为用户提供更合适的内容。

二、短视频内容营销行业发展现状及趋势

2020年初,一场席卷全国和世界各地的新冠肺炎疫情让国人的春节假期变得漫长而又焦虑,用户足不出户,短视频利润也因此迎来了爆发式增长。相比2019年春节,短视频首次在使用时长占比上超过了手机游戏。此外,新闻资讯观看时长也涨至9%,人们更多地通过短视频来获取疫情、防护等信息。据前瞻产业研究院发布的《2019年中国短视频行业研究报告》,重点解读短视频行业发展现状及未来趋势。预计到2020年,短视频市场规模或将达到600亿元。

1. 2019年中国短视频整体发展回顾

(1)短视频高速发展。2019年,短视频一枝独秀,成为移动互联网用户使用时长和用户规模增长最快的细分领域之一,短视频日活跃用户规模逼近在线视频的两倍。短视频持续扩张,渗透至生活的方方面面。下班路上"刷一刷",等电梯时"抖一抖",吃美食前"拍一拍"……调查显示,用户日均观看短视频的主流时长为10—30分钟,另有近三成用户每日使用短视频的时长在1小时以上。

(2)短视频行业特点。主要体现为:年产业链竞合趋势明显,平台

商业化进程提速；广告/营销、电商、游戏和直播打赏为短视频平台变现的四驾马车；深度变革，巨头加码，进入抢夺用户时长比赛下半场。

2. 抖音企业号现状

（1）运营现状。2019 年 7 月 16 日，抖音官方发布《抖音企业蓝 V 白皮书 2019 版》。白皮书数据显示，对比 2018 年 6 月，企业蓝 V 账号数量增长 44.6 倍，投稿量增长 211 倍，企业成为抖音平台重要的活跃用户。头部行业占比也发生变化，服装配饰、商务合作、餐饮服务行业超越 IT／互联网应用、文化娱乐、生活服务成为账号数量占比最高的前三行业。

（2）企业号运营方法论。四有法则：从企业号的粉丝质量上看，内容主体为搞笑、段子、情景剧，表现主体为素人的内容效果最好；从卡思指数上看，利用自身的产品、道具来进行知识技能分享和培训的企业号内容表现更好，体现了内容运营的两个核心逻辑：有趣和有用。

三级火箭论：主要分为三个阶段：爆款增粉—品牌人设强化—规模化实现多渠道用户新增。

（3）优质企业号推荐。中国铁建等国企也在拥抱和尝试新的传播方式，可见，无论什么平台，只要能找到适合自己的传播点，这种形式都可以为己所用。

3. 2020 年短视频内容营销趋势

2019 年短视频一枝独秀，独立用户达 6.4 亿人，网民使用率高达 78%，而短视频行业中的抖音、快手又衍生出了直播带货的功能，2019 年短视频广告市场规模突破 200 亿元。2020 年初，在全国新冠疫情蔓延的情况下，短视频和直播获得了急速的发展，与短视频相关的产业链也将进一步细分和成熟。

（1）短视频"平台"内容从娱乐消遣到社交、购物，大多数人从为了获得"社交谈资"，而转为淘到"源头底价好物"。短视频营销价值成熟 KOL 资源下沉，中腰部资源加速变现。

（2）明星、KOL 共带节奏引领短视频营销新风尚。2019 年，据卡思数据统计，抖音平台的明星数量相较前一年同期增长了 1.65 倍。

（3）美妆类、旅行类、特效/创意类、动画类 KOL 广告变现前景良好。

（4）专家型、地方型 KOL 崛起，受到用户和广告主喜爱。

（5）大数据成突围短视频 KOL 营销精准投放和效果监测困境的唯一钥匙。

（6）大数据驱动短视频内容产业上下游各环节提能增效。

短视频的时代已经来临了，所以，宝妈们一定要去拥抱短视频，学习如何制作短视频，如何通过短视频展示自己的产品，展示自己的个人品牌。趋势是不可阻挡的，拥抱趋势，才能与之共舞，收获趋势下的红利。

附录：
本书出版支持团队

马 娟

我叫马娟，坐标北京。是一名二宝妈。2014年时是一名私营业主，做过3年教育项目招商工作。作为一名资深的私营业主，为什么在不惑之年加入社交电商大军？因为第一，从2016年下半年开始，生意突然不好了。一开始我不知道是什么原因导致生意不好。等一段时间以后我才知道原来是股票下跌了。当然最重要的原因就是随着移动互联网的崛起，很多客户都在线上消费了，而实体经营成本却越来越高。第二，是因为自己的孩子，李嘉诚先生说过：任何事业的成功都弥补不了对子女教育的失败。我不想自己因为拼搏事业而耽误了孩子的教育。而社交电商可以育儿赚钱两不误。

经过一番考察，我因为喜欢团队的文化——书香缭绕不粗俗，努力赚钱不媚金，而果断加入曹霞飞老师的团队，与她们一起打造一支有格调有内涵的社交电商团队！

我知道有很多和我情况类似的宝妈，我希望能够帮助到她们，大家一起努力共同成长，既能赚钱提高生活品质，又能陪伴孩子健康成长，一起实现财富自由，精神自由，灵魂自由。

王 嫣

我叫王嫣，80后，生活在美丽的海滨城市——厦门。生完孩子后，按照最初的计划，断奶后继续回到职场，可是因为种种原因，我成了全职妈妈。刚开始，我感到很崩溃，有时只能和孩子一起哭；后来，我学习了育儿知识,也找到了跟孩子的相处之道,日子过得越来越好,但依然不甘心做个全职妈妈,更想出去工作,但孩子还小,只能再等等。

日子一天天过去了。有一天,曹霞飞老师在微信上说她要开启社交电商。出于对曹老师的信任,我也开启了自己的社交电商之路。

社交电商给我带来了很多意想不到的惊喜:做家务时,我会收听优秀老师的语音包;育儿有困难时,伙伴会分享她们的经验给我;闲暇时,我会去平台上分享自己的收获。在这里,我不仅学了更多的销售技能,还结识了很多天南地北的伙伴。

现在的我,既忙碌又充实。感谢社交电商,让我遇见了更美好的自己!

田孝林

我是田孝林,一个生长在河南的90后全职妈妈。

小时候我是留守儿童,少年时期沦为单亲家庭孩子。我的成长并不顺利,遍布伤痕。幸运的是,我有位坚韧的母亲,即使天塌了,她也会帮我们顶着,如此,我得以顺利上学、工作、结婚和生子。

2016年初,孕期第五个月,我辞职在家养胎,开始做社交电商,经营一款婴儿尿不湿,方便孩子使用。说实在的,过去我对社交电商根本就看不上眼,觉得是上不了台面的职业,对低端内容、吹嘘式广告无法苟同。直到我做了社交电商,才看到了实在的产品。我虚心求教,用心学习,终于迎来了第一位客户,然后就是迎来了潮涌式的销量,以至于我生孩子当天还在指挥老公发货。

这时候的我是幸运的、幸福的，家庭和睦，事业顺遂。但是，我不想把自己的历史问题重复在孩子身上，想要提升自己。孩子7个月的时候，我在大V店遇到了曹霞飞老师，跟她学习了全脑开发课程，变得不那么焦虑，从一名社交电商人成长为大V店课程督导师，获得了"心理健康辅导员"证书。

2018年8月8日，曹老师二宝满月，她宣布自己要开始经营社交电商事业，不仅要帮助更多妈妈成长，也要帮助她们赚钱，育儿赚钱两手抓。对社交电商本就轻车熟路的我，毫不犹豫地加入了曹老师的队伍，光荣地成为第一批"元老"。

加入团队之后，我知道了：什么是有格调的社交电商，什么是美学营销。我成了一个开口讲课会被赞美的讲师，吸引了很多同频伙伴，为很多困惑于生活的全职妈妈提供了帮助。

未来路漫漫，愿我们可以相遇，一起育儿、育己、成长、收获！

邝丽雯

我叫雯雯，来自广西大山，现定居广东。孩子出生后，由于身体的原因，我回家做了全职妈妈。成为全职妈妈后，我发现自己变了：少了以前的自信，害怕被别人问起我在哪里上班，不愿意跟身边人交流……身边的同学和姐妹都出去上班了，有了烦恼，我也找不到人诉说，只能独自带着孩子在小区玩，觉得很孤独。我开始向外寻求帮助，期待在网上找到志同道合的人。幸运的是，我加上了大V店创始人哈爸的微信号，又通过哈爸认识了曹霞飞老师，加入了她的研习社，跟全国各地的宝妈一起学习育儿知识，生活充实起来。

"全职妈妈"的身份，让我觉得没有安全感，2016年我决定考编制教师。为此，我努力地备考，还花两万多元报了教育学、心理学的培训班。可是，这时候一场股市灾难从天而降，让我们家陷入危难，存款和房子一夜之间消失，当时的我已经怀孕，幸福的家庭面临崩塌。

我感受到了人生的绝望，处于人生的最低谷，万般无奈之下，选择了做社交电商。做社交电商，不需要投资，只要一部手机就可以经营。我抓住这根救命稻草，战战兢兢地做了起来，只不过早期的社交电商行业没有系统的培训，我使用的都是最原始最传统的方法，一个人单打独斗，走了很多弯路。

2018年，看到曹霞飞老师也开启了社交电商事业，我在第一时间加入她的团队，跟着老师边工作边学习，得到了快速成长。我也真正理解了什么是社交电商，懂得了销售的最高境界就是营销自己，只有努力打造自己的个人品牌，坚持学习，全方位提升自己，不断地给身边人提供价值，才能成为对别人有用的人。

我把学的高情商沟通法则等运用到生活中，还改善了夫妻关系和亲子关系，家庭也更加和睦了，现在团队伙伴都称我为情感营销专家。

感谢社交电商这个平台给我带来了巨大的改变，这份事业很适合宝妈，让宝妈在带孩子的同时有了自己的收入，实现了经济独立，实现了"左手育儿，右手社交电商"。我相信，只要内心坚定，坚持付出，就能在社交电商领域取得好成绩。

吕卫赐

我叫吕卫赐，是一位80后二宝妈。小时候虽说家里很穷，但由于爸爸开明，没有农村人重男轻女的思想，我也就成了村里第一个上大学的女孩。那时，很多男孩都因为各种原因不能读书，我们家竟然让两个女儿上了大学，亲戚朋友很不理解。虽然小时候的生活不富足，但父母都用钱来丰富我们的头脑了，我还是很感激。

"养儿方知父母恩"，结婚生子后，我才体会到做父母的不容易。我老公是做建筑行业的，无法将过多的时间放在家里，我只能做全职妈妈，有时间就打牌，简直就是混日子。一天，儿子的一句话深深地刺激了我，他说："家里的钱都是爸爸挣的，你又没有钱……"我才发现，自己在孩子心目中是这样的形象。

一次聊天中，闺蜜告诉我，她认识一位育儿专家，还是一个品牌唇膏的经销商。我当时想着，大儿子是顺其自然长大的，生气了我还会吼他，我不想这样带二宝，不想留给他一个暴力妈妈的形象。于是，我就加入了这位育儿专家的团队。

加入到团队后，我虽然成长得很慢，但一直在进步，同时我学到了很多育儿知识，对孩子也多了耐心，少了大吼大叫，心态也更加平和。我打算坚持下去，争取实现"让知识装满脑袋，让金钱装满口袋"的目标。

刘 丽

我是刘丽，坐标吉林长春，目前是一位85后全职宝妈，拥有一个幸福的三口之家，有一位疼爱我的老公，还有一位28个月的男宝宝。在宝宝出生之前，我在一家私企工作过8年，做电话营销，这也是我大学毕业后的第一份工作。

我的性格比较内向，做事比较执着，只要是认准的事情，都会尽力做好，不会轻易放弃！当然，我还是一个闲不住的人，闲下来会觉得找不到自己的价值！宝宝出生后，为了更好地陪伴孩子成长，我选择了离职。

我想给孩子最好的，但自从我不上班后，家里经济压力都放在了老公一人肩上，即使我想花钱学习或买东西，也不好意思开口。一方面是理解他挣钱的辛苦，另一方面也想有一份收入。但是，外出工作不现实……就在我感到迷茫的时候，遇到了育儿导师——曹霞飞老师。

她是国家二级心理咨询师、全脑潜能开发师……我一直都在跟随她学习育儿知识。得知她要从事社交电商工作，我毫不犹豫地跟着加入。我被她提出的"左手育儿，右手社交电商"的理念所吸引，开启了创业之路。经过一年的学习锻炼，我在育儿方面不再迷茫，个人能力也火箭式提升，不仅学会了美学营销，还成长为一名讲师；还走出了内向孤独的境地，朋友姐妹遍中国，更找到了真实的自己。感谢自己的选择！

农立新

我的名字叫农立新，立字辈排名，"新"字是爷爷赐的名，因为我是1981年大年三十出生的，所以取名立新。一出生就辞旧迎新，爆竹声中一岁除，眨眼间我就虚岁两岁了。倒是苦了我妈妈，大年三十洗好的粽叶、泡好的糯米被迫晾在家里，她只身躺在冰冷的医院里。幸好有莫医生，从合家团圆的饭桌上急匆匆赶来为我妈接生。天寒地冻的，爸爸什么都没带来，莫医生好心给妈妈找来一床棉被，还煮了两个鸡蛋给妈妈补营养。我出生那晚的故事，长大后听妈妈讲了无数遍。我们姐弟四人，唯独我的出生故事总是被妈妈拿来做谈资，妈妈念叨的是对莫医生的感恩之情。然而，也仅限于此，妈妈经历了新中国最艰苦的那段日子，她教给我们最淳朴的做人道理，寄希望于我们能努力读书有出息。我很勤奋读书，也很勤快地下地干活，我成了一个勤奋的书呆子。这就是我前半生的故事了。

2018年8月8日，仅凭一份对曹霞飞老师的信任，我的后半生初次开启创业模式。

所以我分享的创业故事不是已经成功的版本，而是正在起步阶段，正在努力中。我的创业目标，经历过多次调整修改，目前定的目标个人觉得比较符合我现在的状况。是什么目标呢？就是八个字：学会爱钱，学会赚钱。

这八个字对我来说，还是太难了。因为我要从底层开始，改变我对钱的正确认知。之前因为太爱读书，书籍滋养了我，却又固定了我的认知思维。特别是关于金钱，关于财富：钱是万恶之源，金钱如粪土，财大气粗的有钱人……很多对钱的误解、对钱的偏见，不知何时已深深植入我的认知里，甚至变成了潜意识，一不小心就让我觉得"钱乃身外之物，生不带来，死不带去"，"知足常乐"就好。

每个人都在追求财富，我也一样，也曾经梦想腰缠万贯，只是后来才发现，为什么财富迟迟不青睐于我，原来是我的追求不够真诚。我不了解金钱，我没有正确的财富观、金钱观。

费曼说得好：你得不到一样东西，往往是你没有真正理解它。

我是多么浅陋无知，每天都跟钱打交道，每天都把钱从自己的口袋里送到别人的口袋里，却从没真正认识它，从没想过需要学习富人的方法，让别人把他口袋里的钱放进我自己的口袋里。特别是在现如今互联网如此发达，草根随时可以逆袭的时代。曹霞飞老师身在北京大院，还废寝忘食，恨不得一天24小时变成84个小时来用，不断打破自己的圈层，进入更优的圈子，甚至专为全国宝妈打造新的圈子，帮助有意愿的宝妈们成长。而我，还在被自己的情绪所扰，被自己的认知所困，时不时处于抑郁状态，总是放不下自己的过去。

曾经我也有努力的样子，只不过是随性而至，率性而为，我有拼命的坚持，但我没有明确的目标。

所以，导致我入了创业的门，同行的伙伴日日进账，曹霞飞老师也是步步升级，而我，还是那个勤奋的书呆子，只会听课，只会学习，却不善于去运用，不敢突破自己去找人闲聊、去链接情感、建立信任，甚至发圈的动作都没按要求做到位。

《荀子》里面说："今使途之人服术为学，专心一志，思索熟察，积善而不息，则通于神明，参于天地矣。"指的是费力做好简单的一件事，时间长了也有惊天动地的神效。

做社交电商也一样，简单照做，重复坚持，日日精进，时间长定会有一番成就。

赚钱是成年人赖以生存的基本法则；学会赚钱，是我后半生的修为。

孙秀英

我是孙秀英，给自己起名为易飞，即易势而飞（先借势、再顺势，有能力后再易势而飞），坐标山东日照，建筑工程行业，目前是国家级建造师、造价师、工程师。我的成长及创业经历就是一路披荆斩棘、升级打怪，最后终于把命运给我的一副烂牌打成了王炸。

我的成长经历比较坎坷，2009年我任职于一家建筑公司，一干就是11年。一路走来披荆斩棘，其中的艰辛我不再冗述，不同的是我当上了公司总经理，公司年产值也从200万元变成了十几亿元。

在亲朋好友的眼中，我俨然就是一位"女强人"。提到女强人，大家的印象多半是：三头六臂，雷厉风行，既能在职场上大杀四方，又能把家里打理得井井有条。可是，这样的女性现实中却很少。

在管理岗位上经历得越多，思考也就会越来越多。尤其是参加了北大EMBA课程之后，我也有了自己的创业思路。我理解的事业是，无论我干什么，即使是睡觉，都应该有钱自动进入我的账户。工作模式没达标，一度使我想辞职自己创业，感到很焦虑、想突破，直到走上了社交电商这条神奇的道路。

做生意不丢人、挣钱不丢人，挣钱说明我们对这个世界还有价值。挣钱，可以让父母过得更好，可以不为一些鸡毛蒜皮的小事机关算尽。

社交电商人是商人的一种，真正的社交电商不坑亲戚朋友，是自己用得好，再分享给别人，且不刷屏，不是简单粗暴地售卖产品，而是售卖自己的人品、情怀、故事、成长和价值。真正的社交电商是在利他的同时顺便赚钱，是你好、我好、大家好；产品经得起考验，人品更经得起考验。

我的亲身经历感染着身边的同事、朋友，在家看孩子的宝妈，无收入或收入很少，不方便出门工作，我给她们提供了一个改善生活的机会。我坚信，可以带领伙伴一起"天道酬勤、厚德载物、珍惜当下、心存感恩"。

我知道，自己的付出还差得远，我还可以更拼，还可以在有限的时间做出更大的贡献。我不想随遇而安，要把命运握在自己手中。若天压你，劈开那天！若地拘你，踏碎那地！只要自己知道想去哪里，没人可以阻挡你！

李素玲

我是李灵菲，名字是我35岁时给自己起的，本名叫李素玲。1982年，我出生于张家口一个普通的传统小镇上，那里传统文化浓厚。我孝顺顾家，努力过日子，挣钱养儿子。在我出生的小镇，重男轻女现象非常严重，我的血液里自始至终都流淌着奋斗的DNA，促使我想通过自己的奋斗改变家族偏见。

我最敬仰的女性榜样就是奶奶，虽然我没上过统招大学，但也有梦想。很小的时候我就知道，未来我会主宰自己的命运，遵循内心的力量，选择自己的人生。在这个梦想的指引下，我确定了自己的择偶条件，坚持自己的事业路线，最终如愿以偿地嫁给了心仪的爱人。虽然是裸婚，但并没有影响我对人生的憧憬。

为了辅助爱人，我同样选择了医疗器械的销售工作，把他陪练成了大区经理。在事业和家庭都稳定后，我开始思考转型，重拾内心的梦——做家庭教育。然后，我便开始了学习，比如：全脑教养、情绪管理、数字读心术，并把这些知识融会贯通，成功地把一个考试不及格的小学生辅导到考试成绩 90 分以上。

开心骄傲的同时，我也忧虑如何赚钱的问题，毕竟情怀不能当饭吃。这时，我看到了曹霞飞老师团队里的伙伴火箭式地进步，团队理念是"左手育儿、右手社交电商"，教育和商业完美结合，正是我余生奋斗的目标，于是果断加入了其社交电商的队伍。

通过团队的培训和学习，我更加坚信：社交电商是符合趋势的、是最适合宝妈的工作。草根能腾飞、个体能崛起的时代，众多宝妈在社交电商行业已经取得了骄傲的成绩。她们的昨天就是我的明天，我会沿着她们成功的脚印逆流而上。目前，我已经组建了自己的团队，团队里有真正的零售王，有读书会的负责人，还有和我一样对教育有情怀的人。我相信，大家一定能在社交电商领域打造出属于自己的品牌。

李彬妍

我是李彬妍，来自内蒙古，现在定居天津。从小我就喜欢设计，大学毕业后从事空间设计 8 年。孩子出生后，当起了全职妈妈。因为我觉得陪伴孩子成长更重要。育儿是一场修行，为了孩子，我开启了无数个学习之旅。在不断的学习中，我意识到：作为全职妈妈，不能只关注孩子，更要保持自我的独立和追求。

我心中一直都有一个梦想，即拥有一份属于自己的事业。听课时老师告诉我们，给一个全职妈妈分享商机，不要说月入十万和百万，对她们来说月入3000元就是最高收入了，因为她们没见过大生意、没见过世面……这些话，让我坚定了创业的决心。

可是，孩子要上学，接送、陪做作业、陪着上课外班，创业何其难。如何兼顾孩子和事业？看到曹霞飞老师要建立社交电商团队，我眼前一亮，果断加入。我的定位很清晰，一开始就把它当一份事业来经营，渐渐发现，自己的状态得到改善之后，孩子也会好起来。每天我都在学习，孩子看在眼里，他身上也发生了翻天覆地的变化，幼儿园学的虽然都是一年级的知识，但他每次都是满分。

在社交电商的这条路上，我越走越有劲，不仅更加自信，销售能力和个人的综合能力也大大提升，半年的成长抵得过我过去多年成长提高的总和。加入社交电商团队让我最有成就感的一件事就是，我给团队设计的LOGO深受小伙伴的喜爱，其他团队的小伙伴也来找我帮忙设计LOGO，自己的设计老本行还可以在社交电商业闪闪发光。我更加坚定：社交电商确实很锻炼人，每个宝妈都值得尝试。

李彬洁

我是李彬洁，一名80后宝妈。当其他80后女性的孩子还在牙牙学语的时候，我的孩子已经上小学了。我在该学习的年龄结了婚，在该好好工作的年龄生了孩子，稀里糊涂地过了很多年。直到有一天，我发现自己陪伴孩子越来越难了，发现自己不懂得经营婚姻和家庭，几乎什么都不会……我感到很彷徨。这时，我遇见了创业导师曹霞飞老师，创业之路被开启。

加入到团队后，我参加了各种培训课程。我认真听课做笔记，还养成了读书的好习惯。从此，我的脾气不再暴躁，被老师点名批评的次数也减少了。

在团队的内训里，我还学了关于家庭教育的课程，我开始理解父母，跟父母和解，学会了原谅和感恩。社交电商创业让我对生活有了新的认知，让我明白了：要不断反思人生，不断自我提升。社交电商创业为我打开了一扇窗，开启了新的人生。

杨佳艳

我叫佳艳，来自湖南湘潭，是一位70后二宝妈。在我很小的时候，父亲就去世了，为了出人头地，我努力学习，可不管我多么努力，与梦想的大学依然无缘。18岁高中毕业我外出打临时工，利用业余时间上了电大，拿到了大专文凭。后来，为了照顾家属子弟，父亲生前的单位接收了我，我在一个岗位上一干就是21年。工作之初，凭借一腔激情，我考取了本科文凭，拿到了财务证书，之后基本过的都是一种平庸无目标的生活，直到二宝出生。二宝出生后，我全身心地投入到了养育孩子的生活中，成为一个学习型妈妈，在陪娃的过程中逐渐实现自我成长。

工作方面，因为常年处于一个工作岗位，很少变动，加之体制的一些无奈之处，我的工作兴致逐步降低，觉得自我价值无处发挥。为了走出这种现状，我把更多的精力投入到了业余生活。之后，我有幸接触到了社交电商。

经过一段时间的沉淀，我发现这是一个可以实现自我价值的商业模式，不仅可以实现自我价值，还能很好地获得经济利益，真正实现精神自由和财富自由。这种商业模式以学习为主，以带团队当讲师复制能力的形式进行，很适合爱分享、喜欢学习、想做孩子榜样、有讲师情结的人。更难能可贵的是，大家融入在一个大家庭中，互帮互助，没有歧视，没有芥蒂，相互接纳，自我都能得到提升。

此外，当我全身心投入到社交电商事业之后，自己的改变在无形中影响着孩子。比如，在我外购跟人聊天分享的时候，孩子会在边上像个小大人一样参与聊天，大方地介绍我们的产品以及自己的使用体验，或者夸妈妈的进步。

社交电商这个新的斜杠事业，让我尝到了甜头。我将好好经营这份事业，不断挖掘自己的潜能，努力实现梦想，获得自由！

邸晓婧

邸晓婧是一名军嫂，一个骨子里深爱教育事业的妈妈。她曾经在中国酒泉卫星发射中心某学校的三尺讲台耕耘了10年，后来爱人工作调动跟随进京，孩子出生后，放弃工作，开始全心照顾家庭。

回归家庭后，邸晓婧依然抓紧时间学习，努力提升自己，2017年取得了中科院心理所心理治疗与心理咨询专业结业证书、心理健康教育指导师资格证书。家庭教育是父母的必修课，也是最难修的一门课，接触到全脑教养后，邸晓婧结识了曹霞飞老师，在她的指导下，2018年又取得了心理健康辅导员资格证书。

邸晓婧非常感谢曹霞飞老师，因为是曹老师让她对社交电商有了更深刻的认知。这个平台给邸晓婧的最大收获是，懂得比赚钱更重要的是让自己变得值钱！社交电商与教育是息息相通的，要想给别人一滴水，自己先要有一桶水；要想成功营销产品，先要成功营销自己。这也是做好社交电商的根本要诀！

汪 华

我是汪华，坐标在河南永城，是两个女孩的妈妈。在初中的三尺讲台上耕耘了13年。如果没有从事社交电商，我可能还在焦虑和埋怨的泥潭里挣扎，也可能与家人持续争吵甚至离婚，自怨自艾；还可能自我封闭、不再绽放。

在教学的过程中，我发现孩子的问题多数都来自于家长，家长不成长，孩子的成绩就无法提高。作为人母，自己的亲身经历也证明了这一点。孩子出生后，我努力学习育儿知识，努力跟家人分享育儿知识，但用力过猛，让家庭出现了严重的关系危机，三天一大吵两天一小吵，我感到愤怒，严重失眠。

在周而复始的纠缠、吵架、反思和悔恨中，我遇到了曹霞飞老师，遇到了社交电商。我喜欢这种团队文化，随着老师一边学习育儿，一边经商赚钱。通过一年的努力，我既有了一份额外的经济收入，还实现了讲师梦，实现将育儿理论灵活应用到实践中去。

2019年6月，我跟着曹老师开启了家庭教育指导师的学习，实现成为想要的自己，接纳了自己，看见了自己，真正走在了温和有力的道路上，体验到了富足和平和的感觉。当初我的眼里是迷离，是无奈，是愤怒，是望不到尽头的失望，是不折不扣的怨妇一枚；如今，我的眼里更多的是自信，是希望……

生命不止，学习不停！我会继续用自己的所学所懂，做到践行，用行动去影响更多的妈妈走向内心的富足和经济的独立。

沈双双

我是沈双双，以前我是一名护士，现在是照顾两个女孩的全职妈妈，还是正面管教践行者、全脑教养践行者，很快就会成为一名持证的家庭教育指导师。在陪伴孩子和自我成长的过程中，我坚信"育儿先育己"。过去我是个很偏执、容易情绪化的人，这个应该跟我的成长经历有关。

我受原生家庭影响挺大，略带受伤的成长经历让我的内心缺乏自信和安全感，比较敏感，比较压抑。尤其是儿时的留守儿童经历更对我造成了深远影响，以至于从小学、初中、高中，到大学，我都不敢在教室里大声说话，不敢发言，不敢主动与人交谈；站在讲台上，会面红耳赤，心跳加快，两腿发抖；跟权威人士、有权势的人交谈，我会感到异常紧张，一直都生活在自我封闭的世界里。同时，我又异常敏感，情绪容易波动，容易被伤害，觉得自己很孤单、不被接受、没有价值、非常自卑。

当了妈妈后,我担心自己的这种状态会影响孩子的成长,于是开始学习育儿和自我成长的知识。遇到曹霞飞老师后,我觉得自己眼前一亮。当曹霞飞老师跨界社交电商的时候,我也跟着她一脚迈了进来。没想到,在这个社交电商团队里,我竟然收获了自我疗愈和成长。

如果说社会是一个大染缸,那么好的团队也是一个大染缸。在这个学习型团队里,我也养成了爱学习的习惯,我身上也开始显现出知性的力量。这份事业让我明白:妈妈的成长能为孩子树立最好的榜样,我也深深爱上了讲师这个职业。我不再偏执,不再情绪化,知道如何管理情绪、如何化解情绪、如何和孩子沟通、如何培养孩子的高情商。

从事社交电商一年的收获抵得过我过去十多年的成长,不仅让我收获了小团队,让我从情绪偏执的妈妈成长为淡定从容的讲师,还让我看到了一个全新的自己,让我的全职生涯变成了人生的增值期。我学会了销售,学会了沟通,学会了赞美,学会了利他,学会了个人品牌的打造……

沈娟环

我是沈娟环,出生于20世纪70年代末江西的一个美丽小镇。我的童年生活比较幸福,小时候也很乖,学习成绩不错,亲人们都很宠爱我,所以有时候我看起来就像一个永远都长不大的孩子。

我父母都是工薪阶层,收入稳定,衣食无忧,希望我毕业后能进入他们所在的供电公司工作,过安稳的生活。但是,我从小就不甘于一直待在小县城，一直都想去大城市闯一闯，想打拼出自己的一片天地。于是，大学毕业后我四处旅游，因为喜欢杭州西湖而定居杭州。

作为新杭州人，我在杭州承受着高昂的房价，为了让孩子接受更好的教育，我们一家人都在努力奋斗。我做过办公室行政，做过销售，但创业始终是内心强烈的声音。孩子出生后，我对创业的渴望更迫切了，更希望在收入稳定的同时还能照顾孩子，于是我开了自己的门店。可是，忙碌的生意让我更加没时间带孩子；再加上高昂的房租和人工费用，禽流感的遭遇，最终以失败告终。

我只能回归家庭，全职带孩子，一过就是5年。其间，因为阅读和学习的缘故，我遇到了人生中的贵人——闺蜜曹霞飞老师。在她的带领下，我开始学习育儿知识。2018年，她转行进军社交电商行业，我也毫不犹豫地加入。

我渐渐发现，只要努力，人生所有的愿望，包括买房买车、带娃赚钱，都能一一实现。于是，我坚定了从事社交电商事业的信心。随着时间的推移，我不仅收获了个人成长，还收获了很多友情和能力，比如：获得了美图能力、文案能力、沟通能力、讲课能力、领导团队的能力等，生活也过得越来越充实，对未来也越来越笃定。

我觉得，互联网时代是宝妈创业的最好的时代，属于宝妈的时代真的来临了！

张雄方竹

我叫张雄方竹，一个有着日本名字的北京姑娘。我是一个非典型85

后，当初父母给我起这个名字，寓意就是有"竹子的坚忍不拔，方竹的别出心裁，雄心壮志的人生基调"。过去，我不觉得这个名字会赋予我一种性格，过完30岁，人生过完三分之一，回看这个名字，确实很符合我的特征：要强、上进、不服输、拼搏奋斗。

我之所以会有这样的感受，都源于自己的社交电商创业经历，我给它起名"中社创"。

我原本在一家国有非营利组织工作，生育假后的复工之路，变成了佛系养生之路。单位没给我安排任何工作，这种"人性化"体恤的背后，让我感到深深的焦虑。没有价值感，没有成长，同事每天都在成长，而我除了看剧看淘宝，简直就是无所事事。突然在某天，这种行尸走肉的生活被我学姐的一次撩拨打破，一支小唇膏的事业以"备份职业"的身份进入我的生活。

这份创业体验让我变得更加积极主动，不仅为更多的人提供了帮助，还扩大了自己的社交圈，从一个刷剧刷淘宝刷奶瓶的中年颓废职场妈妈，逆袭成了左手事业右手家庭的中年励志"斜杠妈妈"。一路走来，我吃过苦、流过泪、洒过汗，也乐成过花，但从未有过焦虑和迷茫，因为我已经收获了太多别人拿不走的东西，它们塑造了一个全新的我，这就是社交电商的魅力！

张霄月

马云说："一个年轻人，如果三年的时间没有任何想法，他这一生就基本这个样子，没有多大改变了。"杨澜说："不要在该奋斗的年纪选择了安逸，要知道混下去容易，混上去太难。"冯仑说："创业是一种活法，一辈子不消停的活法。除了投胎以外，创业是唯一能改变命运的方法，有梦想就该创业，而不是有钱才去创业。"曾经，我认为创业只是名人传记里的内容，和我毫不相干，而如今我正在创业。

我叫小麦兜，真名张霄月，霄是云霄的霄，直上云霄、鹏霄万里的霄。寓意拥有远大的理想抱负，做一个大气的女人。同时我也是三岁孩子的妈妈，我经历过各种育儿难题，学过各类育儿知识，也在孩子身上有过充分的实践。我知道妈妈成长，孩子成长；妈妈幸福，孩子幸福。一代好妈妈，幸福三代人。回看自己的育儿学习之路，除了在养育孩子的过程中更加从容淡定，还有一个意外收获，那就是育儿点燃了我创业的梦想。

2018年初我参加了第二期全脑教养培训班，而主讲人就是全脑潜能开发师曹霞飞曹老师，在曹老师的引导下，我明白作为父母，如何养育孩子将直接塑造孩子的大脑，更加懂得养育孩子不只需要倾注，更是成长！由镜像神经元理论，我知道靠近优秀的人，自己也会慢慢优秀起来，所以我一直关注着我们的才女曹霞飞曹老师。

机会来了，我的育儿导师曹霞飞开启了"宝妈扶持计划"，帮助千万女性实现创业梦想，我毫不犹豫地加入了，为什么？因为这不但能赚物质还能赚情怀。当然我最初的情怀是育儿。2018年9月29日我加入了曹老师的社交电商团队，一直坚持了4个月不间断的学习，从基础课程到新人课，从"西点军校"到"魔鬼训练营"，"说人话训练营"再到讲师训练营，从不懂、懵懂到授课，从素颜美到精致美，从心里焦灼没目标到内心坚定充实,我来了一个华丽的转变。曹老师说我:"眼中有光芒,内心有力量。"预约成功、悦纳自己,我变得越来越好,蜕变无形中已经开始,我更加自信,有气场。

通过这4个月的学习创业之路,我的思路打开了,以前我觉得,创业就是做买卖,卖产品,可是今天我的创业体会是创业是一种修行,也是一种坚持,一种态度,也是一种追求自我成长的活法。

初心不改,我创业的初心还是育儿,因为教育好自己的孩子是父母一生最重要的事业。同时我也想让更多的父母了解育儿知识,科学养育,做一个像曹老师一样有大爱的人,这也是我自己要打造好的个人IP,让更多父母不再为养育孩子而焦虑,让我们的孩子在更加有爱的环境下成长。这也和我们团队的理念左手育儿,右手微商相吻合。把追求自我成长和育儿作为初衷,这种创业怎么都不亏本吧!

陈嗣源

我是陈嗣源,是一名基层综合医院的儿科医生,有着5年的本科医学学习、10年的临床工作生涯。从一开始学习,到后来的考试、工作、结婚、生子,一直都是按部就班,在我的潜意识里,好像生活就应该是这个样子。以前我一直以为医生是个光鲜亮丽伟大的职业,就像电视剧里演的一样,穿着干净的白大衣,风风火火跟死神抢时间,接受病人和家属的膜拜,闲暇时光,约几个好友一起喝喝下午茶,聊一聊最近新发表的论文课题。可是10年的临床工作,让我感到越来越迷茫:病人快速进出,写不完的病历,开不完的会,加不完的班,身体疲惫,不想说话,不想出门与人交流……交际圈越来越小，小到只有医院和家庭。再加上医疗环境越来越严峻，自己也变得越来越脆弱，幸亏是在儿科，孩子们恢复健康之后灿烂的笑容，给了我继续坚持下去的动力。曾想过，如果有一天我不做医生了，还能做什么？

多年的求学和工作让我只关注学术的专研，没有掌握其他任何生存技能。我不会开店，不会做生意，不会客套，不会虚伪，不会理财，更讨厌及不信任社交电商，认为他们只会暴力刷屏，且认为他们的产品来源不明，没有第三方监管，先打钱，后发货，谁知道会不会是骗子。

2018年10月21日，我接触到了曹霞飞的团队婵娟Family，开始改变。在谢锦林的宝妈扶持群里，我看到曹霞飞老师和谢锦林老师给宝妈答疑解惑。遇到一些医学问题，我也会忍不住回答，人们对我的友好和尊重，让我体会到了工作之余帮助别人的快乐。

为了更多地了解她们，我加入了她们的团队。通过一年多的努力，我走出了自己的小世界，看到了社交电商的本质。仔细梳理了自己的好友列表，跟多年未见的朋友沟通聊天，不仅让我得到了她们的最新消息以及支持，还让我重新感受到了能量的流通。于是，我也开始进行社群分享，去学习，去讲课……收获了友谊、经验和金钱。每个看到我的人都说，我是真正的乐天派、真正的能量球。

陈翠玲

我是陈翠玲，来自于堪称"世界地质公园""中华民族的象征""东方文化缩影"的五岳之首"天下第一山"的泰山。典型的山东大妞，7年

心理学专业学习，7年高级用户研究员工作让我从一个人单打独斗到带领团队一起拼搏，从小小的研究助理到独立完成项目所有流程，从做得心应手的项目到接手复杂需要不断学习成长的项目，我总是风风火火去完成，一如既往，职业生涯从未迷茫。在生老大之前的一个月我还在想着赶紧"卸货"，因为项目离不开自己，工作离不开自己，自己也离不开工作，孩子满月之后立马满血复活，回归工作。谁承想，孕期一待就是10个月，孩子出生后又没有合适的照料者，于是我便回家当起了全职妈妈，接着老二又到来，到现在已经过去了4年。

4年时间内，我想要工作的念头越来越强烈，因为工作中我感觉自己是发光的、有价值的、不空虚的、安全的，别人也是艳羡的、欣赏的、喜欢的。而全职妈妈这个角色，不论自己认定多么有价值，但一个人在家里带娃的价值感也无法与工作中带来的价值感相比，因为带孩子追求的效果不是立竿见影的、不是清晰可见的，偶尔还会处在情感洼地中。我自己也因原生家庭的影响，觉得也应该注意顺序，给孩子再树立一个重新出发、重新绽放的榜样。我开始琢磨着如何在接下来的日子里，育儿和赚钱两手抓。立足于本专业，做一些自助助人的事情，于是我决定做讲师，本着这条线，我不断学习，看了好几百本书，学习了各种理念，因着全脑教养的机缘，结识了曹老师，学习了中级心理健康辅导员、家庭教育指导师内容。目前正在学习心理健康咨询师课堂，为将来正式走向优秀讲师这条路沉淀成长。也因曹老师的缘故，我开始考虑拨开误区，走近社交电商，跟一群有才有德精神富足的人一起抱团成长，实现个人成长和价值感追寻的双赢，最终迎来美丽绽放。在这个过程中，允许自己慢慢来，扎实跟着大家，站在巨人肩膀上，不断学习不断提升。我相信社交电商将是我育儿赚钱两手抓的一个起点，也是一个拐点，我终将重新绽放！

玥心

我是玥心，一名 80 后宝妈，目前坐标广东东莞。随着孩子逐渐长大，赚钱的念头越来越强烈了。在过去的 3 年里，我尝试做过代购。那时候，我做的其他品牌社交电商工作信息还在不停地刷屏，收益并不高。2018 年初开始我有意识地结束所有的社交电商动作。

2018 年是我参加工作的第八个年头，随着年龄的增加，我有了特别强烈的危机感。我希望自己即使某天不工作了，也能有不错的经济来源，还能兼顾到孩子的养育，于是在曹老师宣布做社交电商事业的时候，我就加入了她的团队。

加入团队后，我了解了一种不同于以往的微营销模式，接触到了美学营销，以及个人 IP。在这个平台上，不仅能学习最新的社交电商理念，还能接触和认识更多的朋友，继续学习育儿知识，不断提升自己。

赵姝彧

我叫赵姝彧，现在坐标山西，是一名单亲宝妈。

社交电商简单来说，就是用有限的资源去链接无限的市场。这是一份宅在家里就能做的事业，也是随时随地办公，无局限性的事业。

最初选择社交电商就是因为这份工作时间自由，内容随己。

作为一名热爱生活的单亲妈妈，在陪伴孩子的同时需要经济来源，这是最好的选择。不耽误陪伴孩子，又不耽误赚钱，还能不断地提升自己的各项技能。

也许有的人会说社交电商不就是卖东西，能学到什么？只赚那么一点点钱够干什么？做什么不需要积累，不需要学习？不想付出就想赚钱，那是白日做梦。

虽然第一次接触社交电商，作为一名纯小白的我什么都不懂，但不去尝试就什么也不可能实现。

很庆幸在学习全脑开发课程的时候认识了我的贵人——曹老师，包括之后的心理课程让我学到了很多知识。对曹老师有一种相见恨晚的感觉，曾说过要一生跟随曹老师学习。

当曹老师宣布开启宝妈扶持计划的时候我毫不犹豫地加入，因为信任，因为理念。左手育儿，右手社交电商。让宝妈不再手心朝上，拥有自己的小事业，还能陪伴孩子。我们的团队文化是：书香缭绕不粗俗，努力赚钱不媚金。曹老师常说：一个好妈妈幸福三代人。育儿先育己，孩子是被影响培养成的，给孩子树立好的榜样就是要成为积极努力的妈妈。

不曾经历过的人不会理解，当你认为自己也许做不到但做到的时候是怎样的一种心情；当别人尤其是陌生人把钱转给你的时候，内心的满足感。不是因为卖出了产品，而是因为被人信任的感觉。

产品是固定的，分享者众多，在茫茫人海中客户和你产生交易，说明了什么？认可。如果不信任，不认可，不会产生交易。

对于陌生人来说这个交易源于对人的信任和认可，产品还没有接触到谈不上对产品的认可。所以被认可的更多的是人，是人品，是人的价值体现。

在分享的过程中展示自己的价值，你能够带给别人什么？输出倒逼输入是最快的成长方式，让自己变得有用，变得更好。这个过程中学到了很多以前从来没有接触过的内容，团队的内训课程更是让人耳目一新：自我成长，孩子教育……

也许前期学习会很慢，但坚持下去一定会有收获，不积跬步无以至千里。最近很喜欢一句话：做龟兔赛跑里的小乌龟，虽然慢，但是一直在朝着终点努力，成功就会越来越近。

努力做好自己，诚信、认真、踏实地走好每一步。在团队中学习、成长，希望能够有更多同频的人和我们一样努力实现时间自由，财务自由；自我成长，引领孩子。

钟娟鹏

我是芝麻花，本名钟娟鹏，是一名70后，生性爱折腾，父母给我取名"鹏"，是因为"鹏"是一种神话传说中的大鸟，"大鹏一日同风起，扶摇直上九万里"，"鹏"字寓意"远大的志向和抱负"。

"鹏"最早出自庄子《逍遥游》："北冥有鱼，其名为鲲。鲲之大，不知其几千里也；化而为鸟，其名为鹏。鹏之背，不知其几千里也；怒而飞，其翼若垂天之云。"寄托着父母对我的厚望，希望我像大鹏鸟一样展翅飞翔，有自己的一片天地。

刚参加工作时，我对未来充满了美好的幻想和希望，但现实总是很残酷。在单位工作7年，不甘平庸的我，通过自学考试，拿到汉语言文学大专文凭。21世纪初，应亲戚热情邀请，我向单位递交了停薪留职申请，来到广东一家外资企业，从事新工作。在那里，我学会了办公软件的应用，从一名电脑小白，华丽转身为办公室软件达人，还参与公司的ISO9000质量体系认证及12000产品安全体系认证工作，成了小组的骨干成员，专门从事标准的修订工作。

结婚生子后，为了照顾父母，我便辞工回到了生我养我的小县城，回到原单位工作，从事的工作比较简单，不安分的我再一次开启第二份兼职，2018年12月走上了社交电商之路。

加入团队之后我才发现，自己过去所学的知识都可以应用上，自己也有很多需要提升的地方。最让我感到欣慰的是，做了社交电商后，儿子的变化很大，升入初中后，学业繁重，孩子有些不适应，特别是语文学习，曾经成绩一度不及格。他很着急，我也很焦虑，因为语文要想提高10分，非常困难。但是，我知道，焦虑没有用，必须帮助孩子建立自信，找到适合的方法。通过一段时间的努力，孩子的成绩提升了十多分，虽然还达不到真正的优秀，但依然是巨大的鼓励。

同时，自己做事情更有目标和动力了。过去上班时我会埋怨下班无聊，不知道做些什么才好，整天不是刷剧就是逛淘宝，心态改变后，我看待所有问题都不再焦虑，也对自己进行了一点一点的改进，比如：参加讲师营讲课的训练活动、提高讲课水平提高能力；深度剖析自己，打造具有个人特色的IP；将擅长的PPT基础知识及技巧、微信运用小技巧，以及听到、看到的所感所悟，整理成课程内容，分享给伙伴……

我知道，要想让自己的生命更具价值，就要将上面这些事情都做好，努力前行。

俞冬燕

我是冬燕，这个名字是我父亲取的。我出生在冬天，父亲说在我出生时他看到了燕子。按照自然规律，那时冬天的燕子早就飞往温暖的南方，不管父亲是否真的看到，他都希望我成为一个坚强的人、勤劳的人，于是给我取名冬燕。

父亲是一个不折不扣的创业者，开过酒厂，养过螃蟹，做过生意。受他影响，我一毕业就走上了创业之路。我做过直销，加盟过餐饮店、服装店，最终都以失败告终。然后，我转行学工程造价，老公则进入制造业。老公的事业慢慢成型，为了照顾孩子，我回归了家庭。虽然条件比以前好了，但是我不甘心纯粹辅助老公，于是在考取一级建造师资格证后，继续造价师专业的考试之路。

我觉得，女人可以暂时不赚钱，但不能失去赚钱的能力。同时，我也不想被孩子说，就是因为我找不到工作，才必须在爸爸的公司里上班。所以，妈妈有一份事业，更能给孩子树立好榜样。但同时兼顾家庭和事业真的不容易。后来，看到跟自己认识3年多的曹霞飞老师进入了微营销领域，我也加入她的团队，了解社交电商这个新兴行业。

不同于我理解的社交电商，曹老师注重团队成员的成长提升，不是一味地销售商品。曹老师将自己擅长的育儿知识和微电商事业完美地结合在一起，让妈妈们既能育儿讲课，又能赚钱；不仅培养了我们的销售能力和讲课能力，还让我们学会了逻辑思维、提高了认知。

从事社交电商，我最大的收获是个人的成长，且是全方位的成长。

祝 伟

我是祝伟，80后宝妈，高中毕业，没有考上心仪的大学，早早就出来闯荡。到了北京，我做过文员、服务员和销售员。当我成功把商品销售给客户的时候，充满了价值感。

怀孕后，我辞去了工作，开始了自己的"虚度人生"：怀宝宝、生宝宝、照顾宝宝、看电视、看小说、追剧……日复一日，年复一年，匆匆过了3年。突然有一天，我觉得自己和社会脱轨了，没有目标，没有方向，甚至忘了自己是谁。这时我认识了全职宝妈曹老师，她爱学习，知性优雅，仿佛一束光点亮我的生活。我内心起了波澜，开始跟随她学习、看书、听课，逐渐地，发生了自我改变。为了获得经济独立，我开始接触社交电商，但是那时的社交电商只是暴力刷屏，没有屏幕，我还是一枚全职宝妈。

2018年8月曹老师斜杠社交电商，我果断加入，并提前预约担任助理一职。一年多过去，我学会了讲课，能够主持训练营，能够安排团队的工作，能够带领新人从小白走向老练。

社交电商真的很适合宝妈，既能兼顾孩子和家庭，又能够赚点零花钱，还能在一个高能量的圈子里不断学习成长。妈妈的好状态，就是孩子的幸福！感谢自己，感谢时代，感谢社交电商！

贾龙引

我是贾龙引，80后宝妈，大学学了印刷专业，毕业后却从事了会计行业，一干就是7年时间。2019年5月辞职，做起了全职妈妈，因缘际会去做了保险行业，于是不知不觉，我做了很多人眼里最不讨喜的两个行业——保险、微商。

2017年，我的宝宝六个月，我接触了第一款微商产品——纸尿裤，从自用到分享，我加入了微商大军。那时候没有系统的培训，我也是一位佛系卖家，想着别把订了的15箱纸尿裤砸在手里就好，能卖就卖，不能就让娃自己用，人总是贪心的，卖着卖着也赚了点小钱，就觉得卖纸尿裤还是赚得少，想寻找一些其他机会。于是2018年5月我接触了一款唇膏，一用就爱上它的颜色和滋润，了解了模式便做了代理，和之前做纸尿裤时不同，公司有完善系统的培训机制，只有一款单品的理念，让我们把更多的精力放在了学习社交电商思维、朋友圈营销、个人品牌的建立、女性的自我成长方面！我以前对微商的印象也是刷屏、上来就推销产品、产品没有品质保障等，直到接触这款唇膏，做了将近两年时间，让我对微商彻彻底底改观。我们团队有营销专家、育儿专家、培训专家等各行各业优秀的人员，我们学习到了很多卖货之外的知识。就像我，学习了很多育儿知识，带娃路上我注重孩子的感受，经常做情感引导；我学习了很多与人沟通的方式，真正的沟通不是我想说什么，而是学会倾听；我学习了个人品牌营销，通过个人品牌的建立，我知道了自己应该在哪方面发挥所长；我结交了很多朋友，年轻的、年长的、男女老少，听他们的故事，丰富自己的人生阅历；听优秀人的成功经验，让自己也少走弯路!

微商不像传统行业,团队里没有职场中的尔虞我诈,没有同事间的钩心斗角,相反地,只有团队协作,共同进步。有句话说得好,一荣俱荣,一损俱损,用来形容微商团队再合适不过!

做微商这两年来,从最开始的卖货思维,到现在的客户思维,从最开始被人拒绝躲避,到现在被人夸奖和追随,其间经历了很痛苦的成长历练,但这一切都值得,因为我一开始就相信微商会改变我自己,我没有看到它才相信它,而是先相信了这股力量!

只问耕耘,不问收获,愿我们都能收获最美好的自己!

徐庆云

我叫徐庆云,来自山东潍坊,在北京创业17年,和先生一起经营着自己的快递公司。在电商行业发展迅速的时期,也算事业小成。然而随着北京市房屋拆迁力度的增大,库房难寻,加上快递工作比较辛苦,快递员难招,快递行业经营越来越艰难,我也逐渐失去信心。恰恰这时候我发现曹霞飞老师已经关注并进军社交电商领域。我对于社交电商以前是比较排斥的,所以当我看到曹老师跨界社交电商,我非常惊讶。我与曹霞飞老师相识多年,并跟她学习育儿知识,在我心里她是个教育工作者,所以当她也开始从事微营销工作,我意识到开始要重新审视社交电商了。

都说因人成事,通过慢慢了解,加上对曹老师的信任,我选择果断加入了社交电商的队伍。在团队里不断学习,我明白了社交电商并不只是卖卖货，而是一个人对品牌和渠道的打造。从了解产品知识，提升沟通能力，到制作漂亮的图片，配上非广告体的软文的培训非常扎实，我也从小白成长为小团队长。开始，我是强迫自己学习，后来学习成了我的习惯，我自己都感到惊讶。最重要的是，通过学习，不但自己的能力提高了，孩子也在我的熏陶下养成了自主学习的好习惯。我学习时他也会安静地坐在书桌前静静地看书学习。孩子成长我成长，还有什么比这更幸福的事情吗？真心觉得，社交电商是最适合宝妈的创业项目。

唐晓琴

我是唐晓琴，一名教师，来自四川广安辖区的一个县。在我还是一个孩子的时候，村里出了第一个大学生，我知道了原来还可以通过学习改变自己的人生，不用再过着祖辈那种种地刨食的人生；后来，改革开放后，很多人去工厂打工，我知道了农民也可以进入工厂。但孩子们也便成了留守儿童，比如我。当我上大学后，第一次去南方，看到我父母所处的境况时，很震惊。六个人，三对夫妻，租住在一间十几平方米的房子里，隐私的保护就靠床前拉着的一个布帘子。这样的出租房，在我父母打工的小镇上，随处可见。床不能称为真正意义上的床，不过是搭起一块木板，铺上一些从工厂里拿回来的碎布条，再加上简单的床上用品。餐桌也有很多是用各种能利用的材料组装起来的。大家认为这样的条件虽然艰辛，但远比待在农村有希望，因为下一代会有可能因为他们的艰辛而有足够的教育资金，走向另一种可能。如我这般，考大学填志愿，一定要参考学费标准，因为集合父母之力想要供我读一个学费与开销稍微高一点的专业是不太可能的。我的父母用尽全力地打拼生活，他们在原有的生活上，向前迈进了一大步，这一大步到达的点，就是我人生的起点。

当我有了孩子以后，身为母亲总会想尽办法把最好的提供给他，可是什么是最好的？真正最好的又是我的能力所能够做到的吗？思索之余，我觉得除了在目前的工作岗位上努力之外，还应该向外探索。于是，我加入了社交电商的大潮当中。我喜欢这句话，你学习的深度是你孩子生活的广度。在团队里，我经常听到很多感人的故事，听到很多以前想都没有想过的理论，这些理论不断刷新了我的认知。

随着对社交电商的认知的逐渐深刻，我意识到，这不是一群为工厂卖货的人那么简单，而是大家借由这样的契机，走向了共同学习的道路，建立起了全国联盟。一天晚上，有一个伙伴说，"借由社交电商这个平台，我结识了全国各地的伙伴，而且我们之间的关系，绝对不只是商业利益的关系，而是，真正的人脉"。相信将来我的孩子到其他城市去生活，有什么需要帮助的地方，当地的叔叔阿姨一定会比我这个亲妈先到达。

我也被一个母亲的故事深深感动，她说："宝贝，妈妈可能不能陪伴你走得更远了，因为疾病，妈妈可能会先行离开！"孩子说："妈妈，你每一天的奋斗，每一分的努力，我都看在眼里，记在心里，你早已与我融为一体，我身上奋斗的基因，是我们永远在一起的证据！"

还有一个伙伴说："我刚开始来的时候，害怕做社交电商会影响我陪伴孩子，但是我发现，我每天坚持学习与提升自我，孩子看到了榜样的力量，他变得认真努力了。"

而我自己，在社交电商平台学习的经过，同样被我的孩子看在眼里，他知道，妈妈正在听课学习，妈妈正在与客户沟通，妈妈陪我的时候更专注了，妈妈好像没有以前那些追剧追小说的习惯了……

对于我而言，我的父母努力到达的高度，成为我的起点。我也希望自己能够用自身的努力，让我的孩子能够向前一小步一小步再一小步。

龚志蓉

我是宝妈龚志蓉，生活在常德。过去10年，我是一名女通信工程师，工作稳定，收入稳定，生活安定。一直以来，我都觉得这就是幸福的样子。有一天，我突然意识到，自己只习惯人机对话，不会跟他人当面交流了，内心很想表达，却言不由衷。我开始去梳理自己的圈子，结果发现，同学和朋友都已经不是10年前的样子，我却还停留在朝九晚五的状态，假装多好多体面，满足于自我虚荣。

后来我终于意识到，眼界决定世界，格局决定结局。我开始反思，自己真的要30岁死80岁埋吗？我不想过那种一眼望到头的日子，不想闭塞自己，希望自己能够像其他宝妈一样开车带着宝宝游世界，也希望实现财务自由和时间自由，而这些仅靠一份稳定的工作是无法实现的。于是，我接触了社交电商，加入了婵娟Family团队。

对我来说，选择社交电商，更多的是为了重构自己的生活和人生，让人生有更多的可能。社交电商，不仅仅是一种商业形态，于我，更是打破单一生活、全方位提升的大舞台。

崔丹丹

崔丹丹来自享有"酒都"美誉的山西汾阳,是一名军嫂,曾当过7年护士,孩子出生后,为了不让三口之家分居三地,虽然事业正处于上升期,她依然辞职,回归了家庭。可是,很快她就遇到了问题,比如:月子病、身材走形、两地分居、育儿知识匮乏……这些问题犹如一座座大山压得她喘不过气来。她把育儿知识的学习当作充实内心的武器,可是失去收入后,无论怎么学习,都无法弥补价值感的缺失,每次伸手跟老公要生活费,她都感到异常不舒服。慢慢地,她和老公之间仿佛除了生活费的问题的交流,已经没有其他交流了。她发现自己已然变成一个怨妇,除了照顾孩子,根本不会与外界交流;自己已经很久没买过漂亮衣服、没披散过头发、没穿自己喜欢的高跟鞋了,已经很久没跟老公说过情话了……她突然发现自己的世界里根本就没有自己,自己如一头困兽一样四处乱撞,需要立刻寻找出路和生机。

一天午后在查看朋友圈的时候,"左手育儿右手社交电商"几个字映入崔丹丹的眼帘。让她感到欣喜的是,提出这个口号的竟然是自己喜欢的曹霞飞老师,于是她选择果断加入这个团队。在之后的一年中,崔丹丹努力学习育儿知识和社交电商知识,不断提升自己的认知水平,努力打造自己的品牌。2019年11月,崔丹丹成功地与一家心理教育机构签约,成了一名真正的家庭教育讲师。

开启了社交电商事业后,崔丹丹遇到了很多优质资源,总会谦虚地学习。在北京,崔丹丹见到团队的很多姐妹,她发现越优秀的人越努力,学习力越强,生活得越幸福。在这份事业里,她看到了什么是精彩生活、什么是积极努力、什么是精神富有……她发现，自己其实就是想要这样的生活。

做社交电商，不仅试错成本很低，还能让我们找到真实的自己，崔丹丹越来越享受这种一边工作一边学习的事业。这份事业激发了崔丹丹对生活和事业的激情，也激发了她努力和学习的决心，她决定将这份事业一直做下去。

麻新艳

我叫麻新艳，出生于愚公故乡王屋山脚下的一个小山村。我爸是三兄弟中唯一一个务农的，家境条件也最差，完全靠天吃饭，唯一的经济来源就是种植烟叶，年收入只有千把块钱。为了改善生活条件，爸爸外出经商，结果悲惨被骗。爸爸不在家的日子，妈妈一个人挑起了所有的重担，由于没有帮手，活儿太多，有一天竟然昏倒在地里。

我知道自己没有靠山，只能靠自己的努力才能出人头地。初中毕业，我考上了一所不错的市属中专，但是每次开学我都会为学费而烦愁，只能申请缓交学费，业余时间就到学校的餐馆打工，周末和假期就做保姆或打扫卫生，挣得一点生活费。毕业后，我到南方打工，用挣来的钱还清了学费，还自考了大专和本科学历。

过往的坎坷经历，造就了我不服输的韧劲，我相信天道酬勤，更相信努力就会有收获。我踏实能干，认真负责，多次得到领导的肯定和认可。2007年，我遇到了现在的老公，我们有着相似的家庭背景，都非常励志和努力。

我老公是个学霸,学习成绩特别优异,工作也很出色,但性格过于耿直,由于看不惯领导的处事风格,2016年毅然辞去干了15年的IT工作。原本以为凭自己的经历和能力完全可以再找一份工作,结果他找工作的过程并不顺利,在家待了差不多半年之久,才找到一份相对满意的工作。但是,只做了一年半的时间,公司经营遇到问题,大量裁人,老公又成了无业游民。

老公工作的变动和重找工作的不易,让我深刻感受到前所未有的恐惧和压力。我期待有一份副业,可以帮助家庭抵御生活的不确定性风险。于是,2018年我跟随曹霞飞老师开启了社交电商事业。

这份事业充满了挑战,也非常锻炼人。对于从没有做过销售的我来说,一切都要从头开始学习。幸亏团队培训非常到位,我吃苦耐劳,这些困难都被我一一克服。

谢锦林

我是谢锦林,来自美丽的海滨城市——浙江温岭。一个85后的单亲妈妈。干过淘宝,开过实体店,微商刚兴起的时候也兴冲冲地一头扎了进去,虽说钱没亏也没赚,但精力花了却没有回报。伤了之后选择安安稳稳地在琴行工作。那时候我和自己说,再不要去做不切实际的微商了。

我也没想到有一天我会重新走上微商之路。那时候我已离异3年,孩子马上要上一年级。我们这边小学一二年级两三点钟就放学了,这就和我的上班时间冲突了。而我的父母也没有时间可以帮到我。我又不想随便给孩子找个补习班,说实话现在负责任的补习机构也真的难找。而一二年级也是孩子培养习惯最好的时候,我还是更愿意自己能够多一些时间陪伴孩子。所以还是决定离职。

另外,我也在寻找能够让我的薪资更进一步增长的事情。刚好这个时候看到曹老师宣布做微商。当时其实还并没有重新做微商的念头,只是因为好奇老师为什么做微商,而老师又说有课程,因为跟随老师学习心理学,我知道老师的课程里都是干货,并不像网络上那些只是花钱买口水的课程。那我想多学点总没错的,因此立马就加入了。也是在学习的过程中,让我看到了一个和我以前了解的完全不一样的微商,看到各行各业的很多精英。而课程的内容涉及如何发圈,如何加好友,甚至细致到朋友圈如何排版,继而深入到如何打造个人IP。我深深地被吸引了,全身心地投入到学习中。

当然这个学习除了微商知识,个人IP的打造,还有育儿知识,进而还有家庭教育指导师课程的学习。而在这个学习的过程中,更是让我像剥洋葱那样,不断遇见真实的自己,遇见未知的自己,遇见更好的自己。也让我不断接纳真实的自己,允许自己有缺点,相信自己会更好。

仅仅是几个月的时间,我变得更自信,更热爱生活,想做的事情会认认真真地去做。以前想要的生活只是在脑子里,现在是在慢慢慢慢地一点一点实现。可能还没有完全和自己理想中的一样,但我告诉自己:不着急,慢慢来,一点一点来,总有一天会完全实现。

除此之外,我还认识了很多志同道合的小伙伴,他们有的是医生,有的是老师,有律师,有各行各业的精英,也有的是全职宝妈。这些人有不一样的职业，但都有一颗谦逊的心，我们互相学习也互相帮助。不管是工作的还是生活方面的，有问题大家一起出谋划策。让我也变得谦虚，而不是把自己放得高高的好像很了不起一样。

我很喜欢这个友爱的团队，喜欢左手育儿右手社交电商，喜欢自信又不断进步的自己。

戴苗苗

我是戴苗苗，一位90后全职二宝妈。我大学一毕业就结婚了，因为夫家经营着小生意，所以婚后我多是为家里做一些琐事。孩子来得比较早，为了更好地陪伴和教育孩子，我选择继续之前的生活，在家带娃并照顾一家人的起居生活。但是没有自己亲身奋斗过的声音总在心底响起，所以内心里总还有试一把的创业想法。

在微商开始出现的时候，我并不排斥，甚至会点开那些商品的广告来看，也买过很多微商的产品。心里也跃跃欲试地想要试一把，但是看着一个个暴力刷屏的产品，我找不到方向。直到源源的朋友圈里展现出曹老师的"左手育儿右手微商理念"一下子引起了我的注意。后来，我发现源源在曹老师的培养下快速实现了自我成长，越来越美，越来越自信。尤其是她快速地成长为一名讲师，这样的改变一下子吸引了我，因为我终于找到了既能实现自我价值又能实现自我成长的方式。所以我没有多加犹豫就加入了曹老师的"左手育儿右手微商的团队"。在自我提升的同时，也越来越理解孩子的行为和天性，以及如何在融洽的气氛中管理好孩子的行为。

就在我学习了一个月后,一位平常很少聊天的朋友突然私信我说,"好赞哦,都是正能量,以前你的生活里除了孩子还是孩子,现在看到你每天过得都好充实,不断地在进步,这样的改变让人羡慕"。是的,社交电商让我接触到越来越多的人才,我发觉自己需要进步的地方太多了,学习都来不及,哪里还顾得上生活中的不愉快呢。尽管生活总会有阴暗,但是只要心中的阳光足够亮,完全可以温暖自己,照耀他人。期待在这里成为更好的自己,加油!

本书出版支持团队
按照姓氏笔画排列

马娟

王嫣

田孝林

邝丽雯

吕卫赐

刘丽

农立新

孙秀英

李素玲

李彬妍

李彬洁

杨佳艳

邸晓婧

汪华

沈双双

沈娟环

张雄方竹

张霄月

陈嗣源

陈翠玲

玥心

赵姝彧

钟娟鹏

俞冬燕

祝伟

贾龙引

徐庆云

唐晓琴

龚志蓉

崔丹丹

麻新艳

谢锦林

戴苗苗